LA FAMILLE WIÉLAND, OU LES PRODIGES.

TOME SECOND.

Nous sommes chargés par l'Auteur d'annoncer qu'il met la présente édition sous la sauve-garde des lois et de la probité des citoyens ; déclarant qu'il poursuivra devant les Tribunaux tout contrefacteur ou distributeur d'éditions contrefaites, et assurant à celui qui les lui fera connaître ou à nous, la moitié du dédommagement que la loi lui accorde. Tout exemplaire qui ne sera pas revêtu de notre signature, est désavoué par l'Auteur, et sera regardé comme contrefaçon.

LA FAMILLE WIELAND,

OU

LES PRODIGES,

TRADUCTION LIBRE

D'UN MANUSCRIT AMERICAIN,

Par PIGAULT-MAUBAILLARCQ,

MEMBRE CORRESPONDANT DE LA SOCIÉTÉ PHILOTECHNIQUE.

« Lisez et frémissez, il n'y a rien ici
« de fabuleux. »

TOME SECOND.

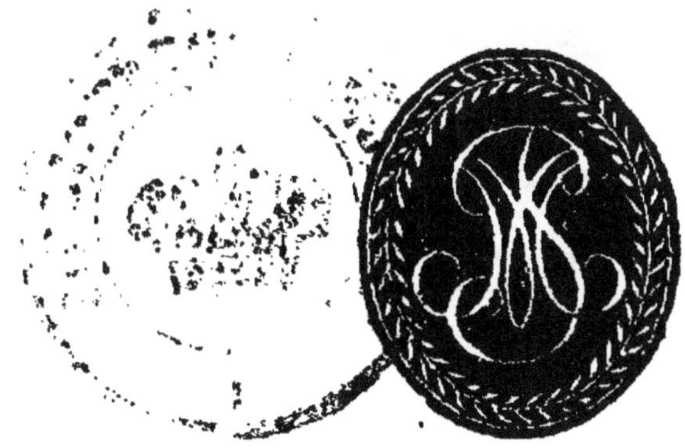

A CALAIS,
De l'Imprimerie de MOREAUX et Ce,
Imprimeurs de la Mairie.
1808.

LA
FAMILLE WIELAND,
OU
LES PRODIGES.

CHAPITRE PREMIER.

Excédée de fatigue, mes yeux se fermaient; un sommeil bienfaisant allait rafraîchir mes sens torturés, lorsqu'un bruit assez fort se fit entendre dans la chambre voisine. Avais-je donc pu me tromper sur l'individu que j'avais aperçu sous ma fenêtre, ou Carwin était-il encore parvenu, par quelque inexplicable moyen, à s'introduire dans cet appartement? J'en entendis très-distinctement ouvrir la porte; on s'avança vers la mienne, et l'on y frappa sans hésiter, comme étant bien convaincu que j'étais chez moi.

Privée à l'instant de toute présence d'esprit, je m'écriai involontairement et sans réflexion : qui est là? -- La réponse ne se fit pas attendre, et, à mon grand étonnement, je reconnus la voix de Pleyel. — « C'est moi.....
» c'est Pleyel..... Si vous n'êtes pas
» levée, hâtez-vous.... j'ai à vous par-
» ler avant de vous quitter, et je vais
» en bas vous attendre. »

Je restai stupéfaite. C'était donc Pleyel qui avait passé la plus grande partie de la nuit dans cet appartement? C'était donc lui que mon imagination effrayée avait transformé dans l'ennemi le plus redoutable; lui enfin dont les pas m'avaient causé tant d'inquiétude? Pourquoi donc le protecteur qui m'avait prévenu que Carwin était enfermé dans mon cabinet, ne m'avait-il pas également instruit de l'arrivée d'un ami dont la présence m'aurait épargné les plus cruelles angoisses? Que signifiait cette arrivée de Pleyel, au milieu de la nuit? Pourquoi ce départ précipité? Le son de sa voix, ses phrases courtes et pressées annonçaient la plus vive émotion. Allait-il ajouter quelque désagréable nouvelle aux tourmens que je venais d'éprouver?

Voilà quelles furent mes réflexions en me hâtant de me lever et de descendre. Je le trouvai debout, près de la fenêtre, les bras croisés et les yeux fixés sur le parquet. Ses traits portaient l'empreinte de la plus vive douleur et d'une extrême fatigue. Il ne fit aucun mouvement en me voyant entrer, ne vint pas même au-devant de moi, et resta parfaitement immobile. Étonnée du changement que je remarquais en lui, je m'empressai de l'approcher pour lui en demander la cause; mais, réfléchissant à ma situation, la pudeur m'arrêta, j'éprouvai de l'embarras, et je gardai le silence.

Il leva enfin les yeux sur moi, et j'aperçus dans son regard le plus violent chagrin. Il parut faire quelques efforts pour me parler; mais il baissa et détourna la tête sans pouvoir y parvenir. Mon impatience était au comble. « Mon ami, lui dis-je, au nom du « ciel, qu'avez-vous? »

Frémissant au son de ma voix, il me fixa avec attention. Ce n'était plus la douleur qui était peinte dans ses regards, c'était la rage.

— « Ce que j'ai!.... Ce que j'ai!....
» Ah! malheureuse Clara, osez-vous
» le demander?.... Vous à qui la na-
» ture avait prodigué tous ses dons....
» ses plus précieuses faveurs.... Ah!
» combien vous êtes déchue!... com-
» bien votre chûte est affreuse!... Elle
» est complète et sans exemple.... »

Interrompu par son émotion, il continua ainsi au milieu des sanglots et des larmes.

« Mais quel droit ai-je de vous faire
» des reproches, et à quoi serviraient-
» ils? Puis-je vous rendre ce que vous
» avez perdu? Puis-je effacer votre
» honte, vous arracher aux piéges
» d'un vil séducteur?.... Non, non,
» cela est impossible; et j'entrepren-
» drais en vain, quand je le voudrais,
» de vous rendre l'honneur et de vous
» éloigner d'un scélérat aussi redou-
» table ! Il fallait des preuves aussi
» fortes pour me convaincre.... Sans
» elles, toute accusation contre vous
» n'aurait excité en moi que le ressen-
» timent et le mépris; et mon indigna-
» tion serait retombée sur l'accusateur.
» Celui qui aurait osé élever un soup-
» çon injurieux contre votre réputa-
» tion, l'aurait à l'instant même payé
» de sa vie; et il ne fallait pas moins
» que le témoignage de mes sens pour
» me convaincre de votre déshonneur.
» Mais pourquoi vous ai-je demandé

» cette entrevue ? Comment ai-je pu
» m'exposer ainsi à votre dérision ?
» Les conseils ne peuvent plus être
» salutaires; et les remontrances, de-
» venues inutiles, ne peuvent produire
» aucun effet. Vous connaissiez Carwin
» comme un meurtrier, comme un
» scélérat couvert de crimes; et cepen-
» dant, vous vous êtes livrée à lui. O
» malheur irréparable ! Il ne vous reste
» qu'une mesure à prendre pour con-
» sommer irrévocablement votre rui-
» ne, celle de fuir avec ce brigand;
» et déjà vous méditez cette fuite....
» Votre déshonneur va entraîner celui
» de votre famille entière.... Plus de
» bonheur ni pour elle, ni pour vous.

» Vous le verrez sans doute avant
» peu, ce misérable; ce lieu sera sans
» doute encore souillé par quelque
» rendez-vous nocturne...... Eh
» bien ! que le châtiment qui l'attend
» ne vous couvre pas au moins d'in-

» famie; prévenez-le du danger qu'il » court; dites-lui que ses crimes sont » connus; pressez-le de s'éloigner à » l'instant même, s'il veut échapper au » sort qui le menace; qu'il évite sur-tout » l'Irlande; qu'il n'ajoute pas à l'op- » probre dont il vous a couverte, celui » de le voir périr un jour ignominieu- » sement sur un échafaud; et dites-lui » que je l'y aurais traîné moi-même, » sans un reste de considération et de » pitié pour vous.

» Mais, s'il vous reste encore quelque » sentiment de ce que vous devez à » votre sexe, à votre famille, à vous- » même, renoncez à cet homme, arrê- » tez-vous au bord de l'abyme, laissez- » le seul; évitez un éclat déshonorant, » et cachez à jamais un opprobre que » vos amis sauront ensevelir au fond » de leur cœur.... Mais je me repro- » che une indigne faiblesse. J'ai voulu » remplir le dernier devoir que me

» prescrivait un attachement dont je » rougirai toute ma vie; et comme il » ne servirait à rien de rester ici plus » long-temps, je pars à l'instant même » et je vous quitte pour jamais. Pensez, » Clara, je vous en conjure pour la » dernière fois, pensez à tout ce que » je viens de vous dire, et évitez, puis- » qu'il en est temps encore, le plus » funeste des malheurs.

» Mais pourquoi ces prières et ces » instances?.... Méritez-vous l'intérêt » que je vous témoigne, femme cor- » rompue, dont l'hypocrisie est sans » exemple, dont le cœur est totale- » ment gangrené, que j'aurais dû fuir » avec mépris, et que j'aurais dû quit- » ter sans la voir? »

Il sortit avec précipitation, sans me donner le temps de lui répondre, et je le vis prendre le chemin qui conduisait chez mon frère, sans avoir la force de le retenir ni de le rappeler. Hors

de

de moi, je doutais si je ne rêvais pas, et j'eus besoin de quelques instans pour m'en assurer. Quelle accusation je venais d'entendre, et de la bouche de Pleyel ! Qui, moi ! traitée comme une vile prostituée, comme une malheureuse, livrée à un scélérat, à un assassin, et disposée à fuir avec lui !

Une semblable insulte ne pouvait être dictée que par la plus insigne folie, ou par une incompréhensible et funeste erreur. Après la nuit affreuse que je venais de passer, après les dangers éminens que je venais de courir; après avoir été prête enfin à sacrifier ma vie à l'honneur, me voir traitée ainsi, c'était certainement le comble de l'infortune !

Mais quelles étaient les preuves dont parlait Pleyel? Il n'était venu chez moi que long-temps après le départ de Carwin. L'avait-il vu entrer? L'avait-il épié? L'avait-il vu sortir? Avait-il

établi sur cette fatale entrevue d'horribles soupçons, lorsque ma conduite passée, ma vie entière, devait ici me justifier à ses yeux? N'aurait-il pas été plus raisonnable de supposer que Carwin était seul coupable d'une entreprise contre ma vie ou mon honneur, et que j'avais pu être surprise et attaquée sans qu'il y eût entre nous la moindre intelligence? Et cependant il m'avait jugée sans m'entendre; il m'avait accablée d'ignominie et d'outrages! « Ah! Pleyel,
» m'écriai-je navrée de douleur, je ne
» vous pardonnerai jamais cette injus-
» tice révoltante, à moins que je ne sois
» bien convaincue que votre raison était
» en effet altérée! »

Il me vint dans l'idée que l'amour et la jalousie avaient seuls pu le porter à un semblable excès. Il connaissait ma prédilection pour Carwin; il avait remarqué le sentiment impérieux qui m'avait entraînée vers lui; il avait témoigné le plus grand chagrin, en observant l'empire que cet étranger exerçait sur moi, et son dépit l'avait forcé de s'éloigner. Guidé par un reste d'espérance, il avait fait un dernier effort près de ma famille, et devait venir la veille pour en apprendre le résultat. Quelque obstacle imprévu l'en avait empêché; mais, étant vraisemblablement arrivé chez mon frère après mon départ, et ayant appris que je consentais enfin à être à lui, il s'était empressé, dans l'ivresse de sa joie et dans l'espoir de me trouver encore levée, de voler près de moi, pour me témoigner toute sa reconnaissance, lorsque, ayant aperçu Carvin à l'instant où il se retirait, et cédant à sa fureur jalouse, il nous avait soupçonnés d'intelligence, sur-tout en le voyant sortir à une heure aussi indue. Telles étaient mes conjectures. Mais il m'avait reproché de vouloir fuir avec un assassin et un voleur;

il y avait donc vraisemblablement quelques circonstances que j'ignorais, et sur lesquelles il établissait plus que de simples soupçons.

Quoique j'éprouvasse la plus vive indignation, sa conduite injuste me présentait quelque dédommagement dans la preuve douloureuse qu'elle m'offrait combien j'étais tendrement aimée. Triste consolation! Pleyel était perdu pour moi, et je ne pouvais espérer de le désabuser, puisque j'ignorais sur quoi était fondée son erreur. Forte de mon innocence, j'étais réduite à garder le plus profond silence, et à tout attendre du temps ou des événemens.

Je me décidai cependant, après de mûres réflexions, et pour me mettre à l'abri de toute nouvelle attaque de la part de Carwin, à instruire mon frère de ce qui s'était passé et à régler ma conduite future d'après ses conseils. J'eus besoin de reprendre des forces;

et une partie de la matinée s'écoula avant que je pusse me rendre chez Wieland.

Je trouvai ma belle-sœur occupée des soins de son ménage. Elle remarqua, en me voyant, un changement effrayant dans mes traits, et m'en demanda la cause; mais, comme l'inquiétude que lui causait l'état de mélancolie où elle voyait son mari altérait visiblement sa santé, je crus devoir, par ménagement, éluder ses questions en ne lui faisant que des réponses insignifiantes, et je me bornai à lui demander où il était..

« Je crains, me répondit-elle, qu'il » ne se soit passé ce matin quelque » chose de fâcheux : car Wieland, qui » a besoin de beaucoup de tranquil- » lité, m'a paru encore plus abattu que » de coutume. Pleyel, qui n'arriva » hier que très-tard, à cause de quelque » circonstance relative à Carwin, sur

» le compte duquel il a appris d'é» tranges choses, instruit de vos dis» positions favorables, et voulant en » recevoir la confirmation de votre » bouche, s'était empressé de se rendre » chez vous. Nous fûmes surpris de le » voir revenir avant le jour; il nous fit » lever à la hâte, et le désordre dans » lequel il se présenta nous fit craindre » qu'il ne vous fût arrivé quelque mal» heur. Tout ce que je pus apprendre, » c'est qu'il ne s'était pas couché. Il alla » de suite au jardin avec Wieland, » et j'observai qu'ils s'étaient engagés » dans une conversation très-vive et » très-intéressante. Votre frère, en ren» trant seul ici, me dit seulement que » vous en aviez été le sujet; et, sur » ce que je lui témoignais de l'inquié» tude sur votre compte, il ajouta que » vous étiez chez vous, très-bien por» tante. Il sortit de suite, sans me » dire où il allait, et m'annonça que

» probablement il ne reviendrait pas
» de sitôt. »

Je fus très-affligée de ces détails. Pleyel n'avait sans doute pas manqué d'entretenir mon frère de ses idées déshonorantes sur mon compte; mais Wieland avait certainement une trop bonne opinion de moi, pour que je pusse craindre qu'elle fût facilement ébranlée; et je pensai que l'intérêt qu'il avait manifesté, ne pouvait avoir pour objet que ma sûreté contre quelque nouvelle attaque de la part de Carwin. En admettant même qu'il pût se laisser entraîner jusqu'à un certain point, par les accusations de Pleyel, il ne pouvait, au plus, me croire coupable que de quelque inconséquence qui m'aurait entraînée dans un piége tendu par cet homme adroit; mais jamais d'aucune liaison criminelle, d'aucune complicité avec lui. Il me tardait d'éclaircir tout ceci; mais Catherine ne savait où il était; elle ignorait quand il devait revenir, et rien ne pouvait me guider vers lui.

Je ne pus cacher entièrement mes inquiétudes à ma belle-sœur, et j'augmentai encore les siennes. Déterminée à garder le silence avec elle, je n'avais d'autre moyen d'éluder ses questions, que de retourner chez moi. Je l'instruisis cependant de la résolution que j'avais prise de venir demeurer de suite avec mon frère, et je la laissai très-satisfaite de cette nouvelle, en lui annonçant que je ne la quittais que pour aller préparer mes effets et les faire transporter chez elle.

Je sortis dans cette intention; mais j'étais à peine à moitié chemin, que je vis de loin Wieland qui revenait de chez moi. Il s'arrêta aussitôt qu'il m'aperçut, retourna de suite sur ses pas pour aller m'attendre; dans mon impatience, je me hâtai d'arriver moi-même.

Je remarquai, en l'approchant, que

ses traits, empreints d'une douleur sombre, n'annonçaient aucune explosion violente, et j'entrai de suite en matière :

« Je viens de chez vous, où j'ai appris de Catherine que vous aviez eu » avec Pleyel une conversation très-» sérieuse sur mon compte. Je puis » aisément en deviner le sujet, puis-» que, avant de vous aller trouver, il » s'est permis de me reprocher des » crimes dont le seul soupçon est une » injure. Sa conduite avec moi a été » si offensante, que je suis décidée, » jusqu'à ce qu'il en reconnaisse l'in-» justice, à le traiter avec le ressen-» timent et le mépris qu'il mérite. Je » dois craindre cependant qu'il ne vous » ait indisposé à mon égard ; ce serait » un malheur dont je serais inconso-» lable. Je ne dois rien négliger pour » le prévenir, et je vous prie de me dire

» franchement tout ce dont il vous a
» entretenu ce matin. »

Mon frère ne témoigna aucune surprise, et son regard sombre conserva la même empreinte.

» Il n'est que trop vrai, me répondit-il, qu'il m'a entretenu de vous.
» Il m'a répété ce qu'il vous a dit à
» vous-même. Clara, je suis autant
» votre ami que votre frère, vous savez
» avec quelle tendresse je vous aime.
» Jugez quel chagrin j'ai dû éprouver
» en entendant cette affligeante accu-
» sation; je désire, et j'attends même
» avec impatience, votre justification,
» si, en effet, il vous est possible de
» l'entreprendre.

— » Si cela m'est possible! répétai-je
» vivement; comment pouvez-vous
» croire cette justification nécessaire!
» Comment avez-vous pu me soup-
» çonner un seul instant! »

Il baissa la tête, pénétré de la plus profonde douleur.

« J'ai combattu long-temps, me » dit-il, pour repousser cette odieuse » accusation; mais j'ai dû céder à l'évi- » dence. Vous parlez, Clara, devant un » juge impartial et tellement disposé » à vous acquitter, qu'il révoquerait » peut-être le témoignage de ses sens, » s'ils déposaient contre vous. »

Ces mots me firent soupçonner que l'accusation de Pleyel pouvait avoir été fondée sur des faits qui m'étaient absolument inconnus.

« J'ignore, lui dis-je, sur quoi je » dois me justifier. Pleyel, en m'ac- » cablant de reproches, m'a laissé » ignorer sur quoi ils étaient établis. » Il est peut-être parvenu à sa connais- » sance quelque chose qui a donné » lieu à de fausses interprétations. La » jalousie a pu le rendre injuste et » cruel; mais vous, qui êtes de sang-

» froid, vous me jugerez avec plus » d'équité. Je vais donc vous donner le » détail exact de ce qui s'est passé cette » nuit, et si vous y trouvez quelque dif- » férence d'avec son récit, soyez per- » suadé que ce récit n'est ni vrai, ni » fidèle. »

Il m'écouta avec la plus grande attention, et je ne lui laissai ignorer aucune circonstance de cette nuit malheureuse.

« Voilà, lui dis-je, toute la vérité. » Vous voyez maintenant comment, » sans ma participation, fut amenée » cette fatale entrevue. C'est à mon insu » que Carwin passa une partie de la » soirée dans mon cabinet, et c'est mal- » gré moi qu'il resta quelques instans » dans mon appartement. Si Pleyel » l'a vu entrer ou sortir, il a pu con- » cevoir en effet quelques inquiétudes; » mais, connaissant mes principes et » ma conduite, devait-il en avoir dont

» l'objet fût autre que ma sûreté » personnelle ? Vous conviendrez que » ces soupçons injurieux ne font hon- » neur ni au jugement, ni au discer- » nement que nous lui avons toujours » connus.

— » Ses preuves contre vous, me » répliqua Wieland, après un moment » de silence, sont cependant bien po- » sitives. Il n'est question, de sa part, » ni de soupçons, ni de conjectures » enfantés par la jalousie. Il n'est » guères possible qu'il ait été trompé; » cependant votre récit merveilleux, » cette voix qui chercha à vous arrêter » quand vous eûtes la hardiesse de » vouloir pénétrer dans le cabinet, » votre témérité en bravant cette dé- » fense, l'idée que vous avez conçue » que je pouvais être l'assassin qui en » voulait à vos jours; tous ces faits éton- » nans et incroyables pour d'autres, » non-seulement méritent ma con-

» fiance, mais j'ai des raisons pour croire
» qu'ils présagent de grands événe-
» mens, et que la providence ne tar-
» dera pas à manifester sa volonté. Je
» suis actuellement convaincu qu'elle
» a sur Catherine et sur moi des vues
» qui ne tarderont pas à se manifester.
» Au surplus, je ne puis croire ma sœur
» coupable de la dégradation qu'on lui
» reproche, et je soupçonne pour
» moteur dans tout ceci, quelque génie
» malfaisant qui s'attache à contrarier
» la destinée qui m'est préparée. »

Je le fixai en ce moment. Son regard m'effraya : je crus y apercevoir des marques évidentes d'une prochaine aliénation. Je me jetai à son cou et le baignai de mes larmes. « Ah ! je
» reconnais mon frère, m'écriai-je
» d'une voix entrecoupée ; mais quelles
» sont donc ces preuves qu'on vous a
» présentées ?

— » Pleyel, me dit-il, m'a raconté

» qu'en se rendant chez vous, et en » passant au-dessus de la grotte placée » au bord de la rivière, il avait en- » tendu une conversation entre deux » personnes qui s'y trouvaient placées, » et qu'il reconnut à la voix pour être » vous et Carwin. Je ne vous répéterai » pas cet infâme dialogue; mais s'il » n'était pas, comme je le crois, une » nouvelle illusion, si vous pouviez » être, en effet, la malheureuse qui se » trouvait alors avec ce Carwin, Pleyel » serait amplement justifié, en vous » regardant comme la femme la plus » méprisable et la plus abandonnée. » Son entretien avec moi n'a eu pour » objet que de nous concerter en- » semble et de réunir nos efforts pour » empêcher votre ruine totale, en vous » arrachant à cet homme dangereux. »

J'obligeai Wieland de me répéter ces détails affligeans. Quel affreux avenir ils me présageaient! Je m'aperçus que je m'étais vainement flattée que des portes et des verroux, que le toit hospitalier de mon frère, pourraient me protéger contre les attaques de ce redoutable ennemi. Vaine espérance! Je restai enfin convaincue qu'il parviendrait aisément, par ses artifices, à détruire ma réputation et mon bonheur; que j'étais absolument à sa merci, et qu'un miracle seul pouvait me sauver d'une entière destruction. Mais comment avait-il pu tromper ainsi Pleyel? Il avait donc instruit quelque prostituée dans l'art d'imiter ma voix... Et Pleyel pouvait croire m'avoir entendue tenir son abominable langage! O comble d'opprobre! Voilà quel était le rendez-vous dont il m'avait parlé; et s'il avait pu lui rester quelque doute quand il se présenta à la porte de mon appartement, le profond silence que je gardai en le prenant pour Carwin, dont j'appréhendais le retour, avait dû lui confirmer mon absence, et lui persuader que c'était effectivement moi qu'il avait entendue dans la grotte. De là venait la certitude qu'il prétendait avoir de mon déshonneur.

Il cessa dès-lors de me paraître aussi coupable que je l'avais cru, et je me rappelai, avec une espèce de consolation, toute l'étendue de son désespoir. Mais comment ne lui était-il pas venu dans l'idée qu'on avait pu imiter ma voix ? La chose n'était pas sans exemple. Il connaissait toute la perversité de Carwin; et cependant, il avait préféré de me trouver criminelle!

Je ne pouvais que nier : car je n'avais pas un seul témoin qui pût attester que j'étais chez moi, ni certifier mon innocence. Les événemens de cette nuit étaient de nature à trouver des incrédules. Pleyel l'était au plus haut degré, et il ne me restait d'autre moyen de le désabuser que le témoignage même de Carwin; mais pouvais-je espérer de le rendre son propre accusateur?

Mon frère, malgré le trouble auquel il était en proie, comprit combien ma situation était horrible, et combien il était pressant de détromper Pleyel. Il m'engagea à rechercher une entrevue avec lui, à écarter, dans la détresse où j'étais, tout amour-propre et tout ressentiment, et à exiger de lui un détail tellement circonstancié, qu'il me présentât quelque moyen de faire éclater mon innocence.

Je saisis cet espoir avec avidité; mais une réflexion vint bientôt attiédir cet empressement. J'étais irréprochable, et j'allais cependant au-devant d'un homme qui m'avait grièvement outragée; j'allais me justifier de nouveau, et soumettre ma réputation à son jugement arbitraire!

« Si vous adoptez ce parti, me dit

» Wieland, je vous préviens que vous » n'avez pas un seul instant à perdre: » car Pleyel doit entreprendre, ce soir » ou demain matin, un très-long » voyage; il quitte l'Amérique, et il » m'a dit adieu, comme s'il ne devait » jamais me revoir. »

Je reçus cet avis comme un coup de foudre. Je m'élançai avec rapidité vers mon frère: « Grand Dieu! m'écriai-je; » il nous quitte!.... Il prononce une » séparation éternelle!.... Et j'en serais » la cause!.... Et, entraîné par son » désespoir, il emporterait au bout du » monde l'idée de mon déshonneur!... » Malheureuse Clara!.... Mais, au » nom du ciel, où va-t-il? – Je l'ignore, » il m'a seulement promis de me don» ner de ses nouvelles et de m'instruire » du lieu de sa retraite. »

Je ne balançai plus. J'écartai toute autre considération, et me décidai à l'aller trouver, à l'arrêter, à tout employer

pour empêcher son départ. J'étais hors de moi. « Oh ! non, il ne partira pas,
» il ne fuira pas avec la persuasion que
» j'ai détruit son repos ; que je suis
» indigne de lui ; que je lui préfère
» un inconnu à qui j'ai tout sacrifié,
» tandis que, pure, irréprochable et
» infortunée, je venais de le choisir
» pour qu'il assurât ma tranquillité et
» mon bonheur ; tandis que, victime
» de la vengeance d'un être implacable, je me trouve réduite au plus
» affreux désespoir, par cela seul que
» je l'ai préféré ! »

Je n'éprouvai plus qu'une seule crainte, celle d'arriver trop tard. Mon frère, secondant mon impatience, me donna sa voiture et ses domestiques ; et je partis de suite pour me rendre à l'habitation de Pleyel, où, sans doute, je ne pouvais manquer de le trouver occupé des arrangemens et des préparatifs qu'un semblable voyage devait exiger.

CHAPITRE II.

J'ENTRAIS à peine dans Philadelphie, qu'il fallait traverser, que je me trouvai mal de la seule idée que j'allais bientôt paraître devant Pleyel. On fut obligé de me descendre chez Mme Baynton, pour me donner le temps de me remettre, et ce ne fut pas sans peine que je pus remonter en voiture vers le milieu de l'après-midi.

Je repassai dans mon esprit, pendant la route, tout ce qui pouvait assurer le succès de cette entrevue, et je ne trouvai que des motifs de découragement. Ce succès dépendait entièrement du moment, de la circonstance et des moyens imprévus que Pleyel lui-même pourrait m'offrir. J'essayai de l'excuser et d'étouffer un reste d'indignation, en n'envisageant que son amour et son désespoir ; je voulus m'affermir dans le sentiment de mon innocence, qui seul pouvait me donner la force de triompher.

Quel changement affreux quelques heures n'avaient-elles pas apporté à ma situation ! La distance qui sépare l'homme de l'insecte n'est pas plus grande que celle qui existe entre une femme vertueuse et une prostituée. Il était un degré de dépravation dans lequel il m'était impossible de jamais tomber ; et cependant, aux yeux de l'ami de mon enfance, du témoin de toutes mes actions, du confident de toutes mes pensées, j'y étais parvenue. Flétrie, déshonorée, j'étais regardée comme l'associée d'un assassin, comme la maîtresse d'un brigand !

« Inexorable Carwin, m'écriai-je, » quel est ton but ? Que t'ai-je fait, » pour devenir ainsi ta victime ? Pour» quoi t'attacher à détruire ma répu-

» tation et mon bonheur? Comment » mon invisible protecteur ne m'a-t-il » pas garanti de tes pièges? Et quand » même je parviendrais à dissuader » Pleyel, comment espérer que tu con» sentes à abandonner tes projets des» tructeurs; et ne dois-je pas toujours » te craindre, puisque ton adresse et ta » ruse te fourniront d'innombrables » expédiens pour accomplir tes affreux » desseins?

» Puis-je me flatter de pouvoir lutter » contre toi, ou de te désarmer par » des supplications? Ah! quand je » songe aux dons que tu as reçus de la » nature, à la vaste intelligence dont » elle t'a pourvu, et qui t'a permis de » surprendre ses secrets; lorsque je me » rappelle qu'avec un cœur d'acier, » tu es doué d'organes d'une étonnante » souplesse et d'une incalculable éten» due; que tes ressources sont im» menses; que tes coups sont inévi-

» tables; je n'aperçois que trop que » mon sort est irrévocablement fixé. » L'agent inconnu, qui jusqu'ici m'a » protégée contre tes attaques, et qui » paraît reconnaître par son interven- » tion combien tes moyens sont for- » midables, pourra-t-il, avec succès, » me continuer sa protection? »

C'est au milieu de ces idées décourageantes que j'arrivai chez Pleyel vers la fin du jour. Lorsque ma voiture arrêta à sa porte, ma confiance s'affaiblit, mes forces m'abandonnèrent, et je fus obligée, pour descendre, de me jeter dans les bras d'un ancien domestique. Je n'osai lui demander si son maître était encore chez lui, dans la crainte d'apprendre qu'il ne fût déjà parti. Une femme vint heureusement à mon secours en me proposant d'avertir Pleyel qui, disait-elle, venait de monter à l'instant même dans son appartement; je lui répondis, voulant éviter qu'on entendît notre conversation, que je préférais de l'y aller trouver, et je m'avancai en tremblant.

Je négligeai, dans mon agitation, de frapper à la porte, et j'entrai involontairement sans m'annoncer. J'aperçus Pleyel debout, le dos tourné vers moi, placé vis-à-vis une malle ouverte, et occupé à contempler quelque chose qu'il tenait à la main. Je pensai que ce pouvait être mon portrait, que, peu avant l'introduction de Carwin, il avait, de concert avec mon frère et sa femme, fait faire à mon insu, et qu'il m'avait montré depuis. Cette idée et ces préparatifs de départ, joints aux dispositions où je me trouvais déjà, m'attendrirent au point, qu'à l'instant même je fondis en larmes.

Averti par mes sanglots, il rejeta promptement dans la malle ce qu'il tenait, et se tourna vivement de mon côté. La tristesse qui était répandue sur ses traits fit place au plus grand étonnement. Me voyant hors d'état de lui parler, il s'avança en silence, me prêta son bras pour me soutenir, et cette marque d'intérêt augmenta encore ma douleur. Je ne voyais plus d'indignation dans son regard, je n'y apercevais que la surprise et la pitié. Il paraissait regarder ma visite et mes larmes comme un gage de mes regrets et du repentir de mes fautes, et semblait m'envisager, après m'avoir crue perdue sans ressource, comme rappelée aux remords par ses reproches, et venant lui annoncer la résolution d'effacer mes torts.

Cette idée, peu consolante pour moi, ne servit qu'à me persuader davantage combien était difficile la tâche que je m'étais imposée. Hors d'état de pouvoir m'expliquer, je me dégageai de son bras, et fus me jeter dans un fauteuil. Il se plaça près de moi, attendant avec impatience que j'ouvrisse la bouche. Que pouvais-je lui dire? Je me sentais suffoquée toutes les fois que j'essayais de lui parler. Souvent il parut disposé à me prévenir; mais il hésitait et s'arrêtait, comme éprouvant quelque incertitude sur le motif qui pouvait m'avoir amenée chez lui. Enfin, d'une voix altérée et vivement émue, il m'adressa ces mots :

« Clara !.... pourquoi ne puis-je plus » vous appeler mon amie !.... Ah ! plût » au ciel qu'il me fût encore permis de » vous donner ce titre !.... Le bonheur » que je m'étais promis n'aura donc » existé que dans mon imagination? » Mais lorsque je perds toute espé» rance, j'éprouve encore quelque » consolation, en voyant que vous » n'êtes pas insensible à l'état malheu» reux dans lequel vous vous êtes » laissée entraîner... Un cœur tel que » j'ai connu le vôtre ne pouvait pas » rester fermé au repentir.

» Je vous ai vue long-temps l'exemple » de votre sexe. Je ne connaissais pas » une femme qui pût vous être com- » parée. Vous n'exprimiez pas une » seule pensée qui ne portât l'em- » preinte d'une perfection plus qu'hu- » maine. Un fatal égarement n'a pu » éteindre totalement en vous ces qua- » lités que j'ai tant admirées, et qu'une » éducation soignée avait encore af- » fermies... Leur influence ne peut être » tellement anéantie, que vous soyez » incapable de remords...... Vous » n'avez pu devenir une vile hypo- » crite.... J'ai peut-être été trop sévère » dans mes reproches ; j'en suis fâché... » Non, Clara, je ne puis abandonner » tout espoir de votre retour à la » vertu.... Vous venez, sans doute, » m'apprendre que vous lui êtes ren- » due, et vous venez invoquer mon » amitié pour vous fortifier et vous » maintenir dans ces heureuses dispo- » sitions? »

J'oubliai en ce moment toutes mes résolutions, ma situation, l'erreur bien pardonnable de Pleyel, ses ménagemens, son amour et ses chagrins, pour me livrer de nouveau à toute mon indignation. Je reculai loin de lui, je lui jetai un regard plein de fierté, et le ressentiment me rendit la parole.

» Quelle détestable inspiration a donc » pu me conduire ici? Comment ai-je » pu aussi long-temps supporter de » semblables outrages?.... Mes torts » n'existent, monsieur, que dans votre » imagination troublée par une aveugle » jalousie.... Vous êtes, sans doute, » ligué avec l'être exécrable qui me » poursuit....Vous avez juré tous deux » la destruction de mon repos et de » mon honneur.... Vous seriez moins » coupable en m'arrachant la vie; et » si j'ai quelque reproche à me faire, » c'est de vous avoir permis de me » tenir une seconde fois un langage » aussi outrageant. »

Il cessa de me regarder et baissa la tête. Ses traits prirent de nouveau l'empreinte de la plus profonde douleur.

« Ah! m'écriai-je, en fondant en » larmes, quelle est donc mon affreuse » situation! Je ne suis pas venue ici, » monsieur, pour faire des aveux, » mais pour faire éclater mon inno- » cence. Wieland ne m'a pas laissé » ignorer sur quoi vous prétendez éta- » blir d'odieux soupçons, que vous » présentez comme des faits avérés, » contre le témoignage de ma vie en- » tière; et vous ne vous justifierez ja- » mais d'avoir osé, sans m'entendre, me » condamner précipitamment comme » la femme la plus abandonnée.

» Et où sont donc les preuves qui » peuvent justifier d'aussi graves accu- » sations? Vous avez, dites-vous, en- » tendu une conversation criminelle? » Vous prétendez avoir reconnu ma » voix et celle d'un homme abomi-

» nable dont vous connaissez les artifices? Mais avez-vous pu être la dupe de celui-ci? Avez-vous pu croire que la femme, dont jusqu'ici vous avez admiré la conduite, ait pu devenir tout-à-coup l'être le plus méprisable? Tombe-t-on aussi rapidement du faîte des vertus au dernier degré d'avilissement et d'hypocrisie? Et pourquoi donc aurais-je hier consenti à vous donner ma main, si j'avais été, en effet, disposée à fuir avec celui que vous appelez un meurtrier et un brigand? Reconnaissant de cette faveur, ne deviez-vous pas plutôt supposer que cette scène nocturne, si elle a eu lieu, n'était qu'une vengeance atroce de celui auquel je venais de vous préférer?

» Homme injuste et cruel! Pourquoi, au lieu de fuir le lieu de cette scène; au lieu de venir chez moi faire inconsidérément dépendre ma réputa-

» tion et votre jugement, de ma pré-
» sence ou de mon absence; pourquoi,
» en me rendant la justice qui m'était
» dûe, ne vous êtes-vous pas précipité
» de suite sur les coupables, pour les
» confondre et pour démasquer l'im-
» posture? Une seule descente conduit
» à la grotte; ils vous eussent diffici-
» lement échappé. Voilà ce que je
» devais attendre de Pleyel, de l'ami
» de mon enfance, du confident de
» toutes mes pensées. Un homme tel
» que lui devait se rappeler que si la
» vertu modeste a souvent tant de
» peine à élever la voix, le crime se
» garde bien de la faire jamais en-
» tendre. Mais vous m'avez méconnue,
» vous avez préféré me condamner,
» m'outrager, me déshonorer dans
» ma famille.... Ah! non, non, je ne
» vous pardonnerai jamais. »

Les sanglots m'empêchèrent de poursuivre. Pleyel parut un moment trèsému; je crus l'avoir ébranlé; je suivais les combats qu'il éprouvait: il me fixa un instant avec incertitude; mais, revenant bientôt à ses premiers sentimens, il me dit, avec le ton du plus violent désespoir :

« Dans deux heures je serai loin d'ici,
» j'emporterai l'affreuse certitude de
» votre endurcissement dans le crime!
» Il ne reste aucune espérance. Vous
» voulez donc devenir le rebut de votre
» sexe?.... Votre arrivée, vos larmes,
» votre abord m'avaient paru annon-
» cer le repentir... Je vois s'évanouir
» cette faible consolation, et je vous
» regarde comme perdue sans res-
» source...... Vous savez que je fus
» témoin de votre criminelle entre-
» vue, et cependant vous osez venir
» me reprocher mon injustice... Vous
» osez me fixer et m'assurer que je me
» suis trompé. Ah! une impénétrable
» providence vous a, sans doute, for-

» mée dans quelque sinistre dessein...
» Vous remplirez son but; vous vi-
» vrez pour l'accomplir, si, épouvan-
» tée de son propre ouvrage, elle ne
» se hâte de l'anéantir pour en effacer
» la trace!... Oh! rien de pervers
» dans la nature humaine ne put ja-
» mais vous être comparé!

» Mais je ne suis pas votre juge, et
» mon indignation m'emporte trop
» loin. Mon devoir est de vous plain-
» dre, de vous éclairer, et non de vous
» punir. Je ne me croyais pas aussi
» faible, et j'espérais être parvenu au
» point de pouvoir pleurer, en silence
» et loin d'ici, votre épouvantable
» chûte.... Mais il ne fallait pas vous
» revoir, il ne fallait pas sur-tout vous
» entendre.... Je sens qu'il faut que je
» m'éloigne à l'instant.... Restez chez
» moi aussi long-temps que vous le
» jugerez convenable...... Adieu......
» Adieu, Clara! »

Il fit un mouvement pour quitter l'appartement. Je sentis la plus déchirante angoisse s'emparer de mon cœur. Je cessai tout-à-coup de pleurer. Immobile, et les mains jointes, je le suivais des yeux, tandis qu'il s'éloignait. Je voulais le retenir, et je n'en avais pas la force. Je voulais l'appeler, et je n'avais plus de voix. J'éprouvais l'agonie du désespoir, et ce ne fut que lorsqu'enfin je cessai de l'apercevoir, qu'un cri perçant et involontaire put s'échapper de ma poitrine déchirée. « Pleyel! » êtes-vous donc parti.... parti pour » toujours!

Il revint sur-le-champ; je crus le revoir et l'entendre: « Ah! par grâce, » m'écriai-je, donnez-moi la mort.... » Ah! par pitié, délivrez l'infortunée Clara des tourmens qu'elle endure! »

Pâle, égarée, suffoquée, un voile épais s'étendit sur ma vue; ma tête se pencha sur mon sein oppressé, et je crus mourir en perdant connaissance.

Quand je revins à moi, je me trouvai couchée. Pleyel, avec les femmes de sa maison, était assis près de mon lit; je n'aperçus plus dans ses yeux aucune trace de cette colère ni de cette indignation dont les effets avaient failli me coûter la vie. Je n'y voyais, au contraire, que des marques de la plus vive inquiétude et du plus tendre intérêt. En me voyant reprendre mes sens, il s'écria avec transport : « Dieu soit » loué! vous existez encore!.... Ah! » Clara, j'ai désespéré de vos jours... » Je me suis reproché votre mort... » Non, je ne vous aurais pas survécu... » Je crains d'avoir été injuste et bar- » bare.... Mes sens ont, sans doute, » été trompés; peut-être ai-je été la » dupe de quelque artifice... Ah! par- » donnez-moi mes reproches et mes » outrages.... Pardonnez-moi, je vous

» en conjure, et croyez que je donne-
» rais, à l'instant même et avec joie,
» ma vie pour payer la certitude que
» j'ai été trompé. »

Il me conjura de me tranquilliser, de me soigner, de me conserver pour tous ceux à qui j'étais chère, de le regarder comme mon meilleur ami; et, pour ne pas m'exposer aux dangers d'une réponse que j'étais hors d'état de lui faire, il me quitta en me recommandant à ses femmes.

CHAPITRE III.

Trois jours s'écoulèrent avant que je pusse reprendre des forces suffisantes pour me lever. Wieland et sa femme étant venus me voir, se gardèrent de m'entretenir du sujet qui m'avait occasionné une crise aussi terrible. Satisfaits d'avoir trouvé Pleyel entièrement désabusé, et me voyant beaucoup mieux, ils m'avaient quittée, après avoir arrêté que je me ferais transporter chez eux aussitôt que je le pourrais sans danger.

A mesure que je me rétablissais, les visites de Pleyel devenaient moins longues, moins fréquentes, et l'intérêt qu'il m'avait témoigné paraissait peu à peu se refroidir.

Il était convenu avec moi de son extrême injustice, et il m'avait priée de la lui pardonner. Quoiqu'il n'eût pas plus de preuves de mon innocence, qu'il n'en avait eu des torts qu'il m'avait d'abord imputés, vaincu par la force de la vérité et par le spectacle de l'état dangereux dont j'avais pensé devenir la victime, il avoit paru persuadé que j'étais totalement à l'abri de reproches. Qui donc avait pu ébranler de nouveau des dispositions favorables que j'avais presque payées aux dépens de mes jours?

J'appris des femmes qui me soignaient, qu'il n'avait pas quitté mon appartement tant que j'avais été sans connaissance, et que, craignant que les moyens employés pour me rendre à la vie ne fussent sans effet, il s'était livré à la plus vive douleur, en s'accusant de ma perte. Qu'est-ce donc qui avoit pu occasionner un semblable changement?

Le troisième jour, il ne m'approcha plus. Livrée à de nouvelles inquiétudes, je ne pus les supporter plus long-temps ; et, malgré mon extrême faiblesse, quoiqu'il m'eût fait prier de ne pas précipiter mon départ, je voulus me lever, et le voir. Je le fis donc engager à monter chez moi, en lui faisant annoncer que je désirais prendre congé de lui et le remercier de ses soins, avant de quitter sa maison. Il chercha divers prétextes pour éviter cette entrevue ; il n'y consentit même qu'avec difficulté et après avoir reçu le billet qu'on va lire.

» Vous me faites prier de ne pas
» hâter mon départ ; cette prière ne
» vous est donc dictée que par un reste
» de pitié ; elle n'est donc pas l'effet
» de l'intérêt que paraissait vous avoir
» inspiré la certitude de mon inno-
» cence, puisque vous refusez de me
» voir avant que je m'éloigne ! Il fallait
» alors me laisser périr ; mes malheurs
» étaient terminés ; je reposais dans
» la tombe, et je n'aurais pas à me

» plaindre d'une insultante pitié qui
» n'aura servi qu'à prolonger ma mal-
» heureuse existence. Consentez à me
» voir, ou, au risque d'expirer sur le
» seuil de votre porte, je quitte à l'ins-
» tant même cette demeure, où je
» n'aurais jamais dû me présenter. »

CLARA WIELAND.

Il parut enfin. Sa physionomie avait repris toute sa première sévérité. Ses traits étaient encore empreints de cette fatale indignation et de cette offensante incertitude qui avaient pensé m'arracher la vie; mais leur effet avait été trop violent, pour pouvoir se renouveler et devenir encore dangereux pour moi.

Calme et résignée, je lui adressai la parole : » J'ai désiré vous voir, Mon-
» sieur, avant de vous quitter pour
» retourner chez mes parens. J'ai voulu
» vous témoigner mes regrets des em-

» barras que je vous ai causés; vous » remercier des soins que vous m'avez » fait donner, et sur-tout recevoir de » nouveau de votre bouche la conso- » lante assurance que vous êtes con- » vaincu de mon innocence, et que » cet aveu ne vous a pas été arraché » par la seule pitié. »

Il ne répondit pas, et il détourna la tête. » Je vous épargnerai, lui dis-je, » la peine de m'annoncer que vous êtes » retombé dans vos incertitudes. J'é- » tais venue dans l'intention de me jus- » tifier; mon honneur et mon amour- » propre blessés ne m'ont pas permis » de me retrancher dans l'éloignement » et le silence; je n'ai pas voulu at- » tendre ma justification du temps et » de la réflexion; et, forte de mon in- » nocence, jalouse de votre estime, » ne doutant pas de parvenir à vous » désabuser, je n'ai pas hésité à venir » au-devant de vous. De fausses

» apparences avaient pu vous tromper;
» je vous plaignais et vous excusais.
» J'avais apporté les dispositions les
» plus favorables : j'étais venue pour
» vous rendre à vous-même. J'espérais
» y être parvenue; et je vois actuel-
» lement que je dois abandonner cette
» espérance. Je vous quitte pour tou-
» jours; mais, avant de m'éloigner,
» j'ai une grâce à vous demander : c'est
» d'avoir au moins la complaisance
» de m'instruire avec les plus grands
» détails, des malheureuses circons-
» tances qui ont contribué à me priver
» de votre estime. Puisque vous avez
» été vous-même le témoin de mon
» déshonneur, dites-moi, Monsieur,
» ce que vous avez vu, ce que vous
» avez entendu : je crois être en droit
» de l'exiger, je dois et je veux le sa-
» voir. »

A ces mots, sa figure annonça l'explosion d'une fureur concentrée. Il essaya vainement de parler; ses accens expiraient sur ses lèvres. Ce combat dura pendant quelques secondes; enfin, faisant un effort: » Vous exigez, me » dit-il, que je vous dise ce que j'ai vu, » ce que j'ai entendu! Eh bien, je vais » me hâter de terminer cette pénible » entrevue; je vais entrer dans le récit » de faits que vous connaissez aussi-» bien que moi-même, je vais m'ap-» pesantir sur ces affreux détails; et, » sans rien vous apprendre que vous » ne sachiez déjà, je vous donnerai » une dernière preuve de ma complai-» sance, en me prétant à un récit aussi » pénible qu'inutile. Vous connoissez » Carwin mieux que moi; et si je con-» sens à vous raconter les découvertes » que j'ai faites sur son compte, et à » vous répéter tout ce qui s'est passé » dans votre coupable entrevue, vous » pourrez plaisanter avec lui de cette » ridicule condescendance; mais au

» moins vous ne vous serez pas jouée
» de ma crédulité.

» Il est inutile de vous rappeler l'a-
» mitié qui nous unissait dès l'enfance,
» et l'impression que, dès cette époque,
» vous fîtes sur moi, et qui se fortifia
» avec l'âge. Nous nous séparâmes
» dans l'adolescence. Je passai en Eu-
» rope pour y achever mon éducation;
» j'éprouvai le plus grand chagrin en
» vous quittant : car je m'étais accou-
» tumé à vivre près de vous, et déjà
» vous étiez devenue nécessaire à mon
» existence. J'avais dès-lors conçu l'i-
» dée, que je pourrais un jour pré-
» tendre à un titre que, depuis quelque
» temps, j'ai cherché à obtenir. Une
» correspondance encouragée par nos
» familles, tendait à entretenir une in-
» clination qui, dès sa naissance, au-
» rait pris un caractère plus prononcé,
» si j'avais différé plus long-temps à
» m'éloigner de vous.

» Je terminais mes études à l'université de Leipsick, souffrant d'une absence que cette correspondance pouvait seule adoucir; lorsque le hasard me fit rencontrer, dans la société brillante que je fréquentais, une jeune personne, Sophie de Listen, qui appartenait à une des familles les plus distinguées de la ville, et qui, comme fille unique, devait posséder une immense fortune.

» Je fus frappé de son étonnante ressemblance avec vous. Accueilli par ses parens, je la voyais tous les jours. Je crus d'abord que c'était vous que j'admirais en elle; je me plaisais à vous comparer ensemble, et cet examen dangereux devint bientôt la source d'une préférence que je pris pour de l'amour. J'étais dans l'âge des passions. Vous étiez éloignée; Sophie était près de moi; je lui avais inspiré un attachement qu'elle n'avait

» pu dissimuler; elle avait sur vous
» l'avantage d'une grande naissance ét
» d'une immense fortune; et quoique
» ses charmes et ses qualités n'égalas-
» sent pas les vôtres, j'eus, je l'avoue,
» la faiblesse de me laisser éblouir.
» Nous nous aimâmes; et, vous ou-
» bliant ainsi que le reste du monde,
» je prononçai avec elle le serment de
» n'appartenir jamais à une autre.

» Sa famille, qui s'aperçut de notre
» amour, s'opposa à notre union. Elle
» exigea que Sophie donnât de suite sa
» main au baron de Stolberg, ancien
» officier général, dur, altier, d'un
» âge très-avancé, accablé d'infirmités,
» et qu'elle connaissait à peine. Des
» parens orgueilleux me cherchèrent
» querelle, et me firent éprouver des
» affronts que l'honneur m'obligeait de
» repousser. Nous nous battîmes; j'en
» tuai un, j'en blessai grièvement un
» autre, et je reçus moi-même plusieurs

» blessures, dont une pensa me coûter
» la vie.

» Quoique ces affaires se renouve-
» lassent souvent; quoique je dusse
» immanquablement finir par succom-
» ber, l'honneur et l'amour-propre me
» firent soutenir l'engagement que j'a-
» vais contracté; et, décidé à périr,
» plutôt que de trahir mes sermens,
» je bravai même les poignards de quel-
» ques scélérats stipendiés, qui ten-
» tèrent de m'assassiner, un soir que je
» rentrais tard chez moi. Mais Sophie
» était persécutée et malheureuse; et
» quoiqu'elle résistât encore, elle de-
» vait infailliblement succomber. Je
» lui rendis sa parole; tremblante pour
» mes jours elle exigea que je reprisse
» la mienne, et elle se sacrifia pour
» me sauver.

» Je partis avec précipitation, pour
» n'être pas témoin de cet odieux hy-
» men; je m'éloignai avec douleur,

» et revins près de vous, poursuivi par
» des souvenirs qui empoisonnèrent
» la joie que j'éprouvai de vous revoir.

» Vous n'étiez plus cet enfant intéressant, entrant à peine dans l'adolescence : vous aviez tenu au delà de ce que vous promettiez. Devenue la femme la plus captivante, les premières impressions que vous aviez faites sur moi se réveillèrent avec une nouvelle force; je reconnus bientôt que Sophie n'était qu'une légère ébauche du plus parfait modèle, et qu'une ressemblance purement physique avoit seule donné lieu à une inclination qui n'avait été alimentée que par l'amour-propre et votre souvenir.

» Mais combien je trouvai que vous aviez encore augmenté en mon absence les avantages que vous aviez déjà sur la baronne ! Vous l'effaçâtes insensiblement de mon cœur, dans

» lequel il ne resta bientôt que le regret
» de l'avoir rendue malheureuse, et le
» désir le plus vif de parvenir à vous
» plaire.

» Je savais que vous étiez instruite de
» cette aventure; et, craignant qu'elle
» ne vous prévînt défavorablement, je
» tremblais qu'il ne vous vînt à l'idée
» que je ne m'adressais à vous que par
» désespoir ou pour me consoler de
» ce revers. Cela me rendit timide et
» circonspect; et lorsqu'il se présentait
» quelque occasion de vous faire con-
» naître mes sentimens, ma délicatesse
» souffrait, en pensant aux fausses in-
» terprétations que vous pouviez leur
» donner.

» Vous dûtes vous apercevoir, lors
» de mon arrivée, que la joie que
» j'éprouvais en vous voyant était sou-
» vent empoisonnée par le souvenir des
» scènes fâcheuses dont je venais d'être
» la cause et le temoin; et lorsque,

» plus tard, ces impressions s'affai-
» blirent, vous devez vous rappeler
» que nos plaisirs furent souvent obs-
» curcis par ma tristesse et mon em-
» barras près de vous.

» Voilà, me disais-je en vous ad-
» mirant, le modèle d'après lequel
» nos sages pourraient réaliser la chi-
» mère d'une perfection angélique, et
» les peintres, celle du beau idéal.
» J'apercevais en vous la réunion com-
» plète des qualités et des charmes
» que nos poëtes ont tant de fois cé-
» lébrés, sans les avoir jamais con-
» nus. J'épiais chacun de vos regards;
» mon ame, quand vous parliez, se
» reposait, en quelque sorte, sur vos
» lèvres; et j'ai quelquefois cherché,
» en vous écoutant, ce qui me capti-
» vait le plus, ou de ce jugement ex-
» quis qui vous distinguait si éminem-
» ment, ou de l'entraînante magie de
» cet organe enchanteur qui rendait

» sensibles toutes les perfections de » votre ame.

» J'ai admiré votre esprit, la justesse » de vos raisonnemens, le choix heu- » reux et délicat de vos expressions; » et, malgré mes efforts pour atténuer » ou pour vaincre ce que je regardais » comme une prévention, j'étais forcé » de convenir que toutes les jouis- » sances qui captivent et entraînent » les hommes, étaient fades et insigni- » fiantes auprès de celles que procurait » le seul plaisir de vous voir et de vous » entendre.

» J'ai approfondi vos principes; j'ai » reconnu que leur pureté devenait le » garant de la durée d'un aussi parfait » ouvrage, et que le charme qui vous » environnait était indestructible. Je » vous ai observée dans votre intérieur, » dans vos liaisons avec vos parens, » vos amis et vos domestiques, et j'ai » admiré l'exactitude et le courage avec

» lesquels vous remplissiez tous vos
» devoirs. Je vous ai suivie dans vos
» études ; j'ai vu qu'elles étaient toutes
» dirigées de manière à accroître en-
» core, s'il était possible, les connais-
» sances et les agrémens qui vous ren-
» daient la gloire de votre sexe. Ah ! me
» suis-je quelquefois écrié avec ravis-
» sement, si cette femme, déjà ac-
» complie, continue d'accumuler de
» nouveaux trésors en ornant encore
» son esprit et son cœur, elle devien-
» dra, lorsque l'expérience l'aura mû-
» rie, la première des femmes, comme
» la rose est la première des fleurs !

» J'aurais regretté qu'il manquât un
» seul trait au tableau. Je n'avais be-
» soin d'employer ni l'exagération, ni
» la réticence, pour embellir un mo-
» dèle que je pouvais présenter sans
» voile, et dans lequel je reconnaissais
» un ensemble de grâces et d'harmo-
» nie qui ne pouvait éprouver aucun

» changement sans y perdre. Rien ne » m'échappait : le choix d'un ruban, » le goût avec lequel vous vous en pa- » riez; la fleur qui s'embellissait sous » vos doigts, votre attitude en la cueil- » lant, tout était digne de mon atten- » tion, comme tout tendait à aug- » menter mon admiration et mon » amour pour vous.

» Comment ne vous aurais-je pas » aimée? Comment ne vous aurais-je » pas adorée, vous, faite alors pour » être l'idole de mon sexe ! Je laissai » s'écouler le temps; j'attendais, pour » vous déclarer mes sentimens et vous » demander votre main, que vous » pussiez croire que l'inclination que » j'avais contractée à Leipsic était tota- » lement effacée de mon cœur, et l'avis » mystérieux qui m'annonça la mort » de la baronne vint favoriser ce pro- » jet et en hâter l'exécution.

» Ce fut à cette époque que parut

» Carwin, cet être que je n'appellerais » pas un homme, si je croyais qu'il fût » possible que le ciel, dans sa colère, » eût tiré de l'enfer l'un de ses princi- » paux agens, et l'eût jeté sur la terre » pour le malheur de la race existante. » Je ne l'avais jusque-là connu que » très-superficiellement, et sous ces » formes et ces apparences qui sé- » duisent généralement la jeunesse » sans expérience. Dans l'état abject » où il était tombé, j'étais loin de le » croire encore dangereux. Je ne fus » cependant pas surpris de l'impres- » sion qu'il fit sur vous ; mais, n'en » appréhendant aucun résultat, je crus » que vous ne pouviez l'envisager que » comme un être singulier, que com- » me un objet digne de votre curiosité » et de vos observations.

» Je pensai d'ailleurs qu'aucun hom- » me ne pouvait être à craindre pour » une femme telle que vous. Combien

» je dois me reprocher d'avoir intro-
» duit celui-ci près de vous ! Combien
» je dois maudire ma folle confiance !
» Si quelque chose peut adoucir l'in-
» dignation que me fait ressentir votre
» chute, c'est lorsque je considère que
» j'en ai été moi-même, en quelque
» sorte, l'artisan : de toutes les erreurs
» que j'ai commises dans ma vie, celle-
» ci est la plus fatale.

» Vous fûtes vivement frappée en le
» voyant : je dus le croire par le récit
» naïf que vous nous fîtes de votre pre-
» mière entrevue. Je remarquai que
» votre imagination avait dû être for-
» tement ébranlée, pour que son exal-
» tation vous eût donné les moyens de
» tracer une ressemblance aussi éton-
» nante de l'homme singulier qui l'avait
» émue. Le plaisir que vous éprouvâtes
» dans la contemplation de ce portrait,
» annonçait une dangereuse sensibi-
» lité ; mais je ne doutai pas que votre

» raison ne vous ramenât bientôt à une
» situation plus calme.

» Lorsque Carwin fut introduit chez
» votre frère, je ne tardai pas à m'a-
» percevoir que je m'étais trompé, et
» que son empire s'établissait sur
» vous d'une manière alarmante. Vous
» croyant en danger, oubliant mes es-
» pérances, je ne fus plus maîtrisé que
» par un seul sentiment, celui de vous
» sauver du danger auquel vous étiez
» exposée. Je fis taire mon amour; je
» m'oubliai pour ne m'occcuper que
» de vous, et ma fortune et ma vie
» auraient été, s'il l'eût fallu, prodi-
» guées pour votre salut.

» Ne soyez donc pas surprise de l'in-
» fatigable attention que j'apportai à
» suivre et à surveiller la conduite de
» cet homme, des soins que je me
» donnai pour pénétrer ses sentimens
» et pour démasquer ses projets. J'é-
» piais en même temps, lorsqu'il était

» près de vous, chacun de vos regards, » chacune de vos paroles; je fus bien» tôt convaincu que la puissance qu'il » exerçait était inébranlable, et il ne » me resta que des vœux à former pour » qu'il lui plût de ne pas l'employer à » votre entière destruction.

» Je me rassurai cependant quelque» fois sur la solidité de vos principes. » Vous aviez dû observer sa conduite » équivoque et le mystère impéné» trable dont il s'enveloppait; j'avais » eu soin de fixer votre attention sur » ces objets; et si souvent j'accusais » votre imprudence, je me plaisais aus» sitôt à vous justifier, persuadé que » les événemens vous feraient sortir » triomphante de cette lutte. Cruelle » alternative de crainte et d'espérance!

» Quelques souvenirs vinrent cepen» dant augmenter mes inquiétudes. Je » me rappelai l'époque où, pour vous » rassurer contre les craintes d'un

» complot tramé contre vos jours par
» des assassins, que vous prétendîtes
» s'être introduits et cachés dans votre
» cabinet, je vins occuper, la nuit,
» un appartement de votre maison;
» et quoiqu'il fût pénible pour moi de
» chercher à approfondir cet inexpli-
» cable mystère, j'étais peut-être alors
» autorisé à croire que Carwin ne vous
» avait pas été totalement inconnu
» avant que je vous l'eusse présenté, et
» que j'avais pu être la dupe d'un double
» artifice, en contribuant à vous rap-
» procher davantage d'un être exécra-
» ble, avec lequel vous étiez probable-
» ment déjà liée depuis long-temps.
» Mais laissons ces conjectures odieu-
» ses : car la certitude à cet égard
» n'augmenterait en rien l'avilisse-
» ment dans lequel vous êtes tombée.

» Je me rappelai encore, qu'aper-
» cevant de la lumière dans votre ap-
» partement, un soir que je rentrais

» chez vous un peu plus tôt qu'à l'or-
» dinaire, j'appris d'Agatha que vous
» étiez occupée à écrire dans votre
» cabinet. Vous vous souvenez dans
» quelle douce intimité nous vivions
» alors, et l'innocente liberté qu'elle
» m'accordait près de vous. Pure à mes
» yeux comme un ange, je croyais
» que la moindre de vos actions, com-
» me la moindre de vos pensées, loin
» de commander le secret, ne pou-
» vaient, étant connues, que vous
» honorer, en contrebalançant cette
» rare modestie qui, par la crainte des
» éloges, n'était occupée qu'à voiler les
» unes et les autres. Je montai donc,
» sans bruit, dans l'intention de vous
» surprendre, et j'avançai, sur la
» pointe du pied. Je n'hésitai pas, en
» vous voyant en effet occupée à écrire,
» à me pencher sur votre épaule, et à
» jeter les yeux sur le papier qui était
» placé devant vous. Je cédai à un

» mouvement de curiosité, ou plutôt
» d'intérêt, que je ne croyais pas con-
» damnable, mais qu'un instant de
» réflexion aurait sans doute réprimé.
» Je voulais seulement savoir de quel
» objet vous étiez occupée, et je ne
» pensais à rien moins qu'à commettre
» une indiscrétion, puisque je devais
» m'attendre à être aussitôt aperçu.

» Je ne pus, en saisissant quelques
» lignes en masse, qu'apercevoir les
» mots *grotte*, *minuit*, *conversation*
» *mystérieuse*. Je n'y attachai alors au-
» cune importance, et, vous donnant
» un léger coup sur l'épaule, je me
» présentai en riant, et comme si je
» n'avais eu d'autre intention que celle
» de vous étonner.

» Je m'attendais à ne vous causer
» que de la surprise; mais si je dus
» être frappé de votre extrême agi-
» tation et de la rougeur qui cou-
» vrit votre visage, je dus l'être bien

» davantage en vous voyant saisir ce » papier avec précipitation et le cacher » avec soin. Je réfléchis sur tout cela, » après vous avoir quittée : car l'im» portance que vous aviez mise à une » chose qui, sans cela, m'aurait sem» blé fort indifférente, était faite pour » fixer mon attention.

» De quelle entrevue pouvait-il être » question? Que signifiaient cette grot» te, et cette conversation mystérieuse, » à l'heure de minuit? Je me rappelai » alors l'absence que vous fîtes un soir, » lorsque, inquiet de vous voir sortie » aussi tard, je vous trouvai, après de » longues recherches, dans cette grotte » solitaire. Je me souviens du silence » que vous gardâtes, lorsque je vous » appelai à différentes reprises, et, » qu'au même instant, j'entendis près » de moi un léger bruit dans le feuil» lage. Je me retraçai votre embarras » et vos réponses incohérentes. N'é-

» tait-ce pas de cette retraite qu'il était » question? N'était-ce pas à ce lieu que » se rapportait l'entrevue nocturne? » Mais, rougissant bientôt d'avoir pu » soupçonner votre vertu, je me hâtai » de rejeter cette idée, en songeant » que Carwin, à cette époque, n'avait » pas encore été présenté chez votre » frère, et qu'il vous était absolument » inconnu. Je suis actuellement con- » vaincu que ce n'est pas là que vous » le vîtes pour la première fois, et que » l'émotion que je remarquai, loin » d'être l'effet de la crainte, n'était que » celui des plaisirs criminels auxquels » vous veniez de vous livrer avec le » vil suborneur qui vous les avait fait » partager.

» Fatal soupçon! qui, depuis, ne » s'est que trop confirmé, et qui l'est » maintenant davantage, lorsque je » me rappelle votre embarras toutes » les fois que ce lieu secret est devenu

» le sujet de nos conversations; em-
» barras dont Carwin même, malgré
» ses efforts pour le déguiser, n'était
» pas totalement exempt! Je m'étais,
» peu auparavant, décidé à vous dé-
» clarer mes sentimens; cette résolu-
» tion était encore fortifiée par le désir
» de vous arracher à un danger que je
» ne croyais pas aussi imminent; mais
» je me tus, parce que vous deviez être
» absolument irréprochable, et que je
» devais éclaircir ce mystère avant de
» pouvoir vous offrir ma main. Vous
» ne m'en donnâtes pas le temps; je
» vous vis tellement subjuguée, que je
» perdis toute espérance, et je me re-
» tirai avec douleur avant d'avoir pu
» pénétrer la vérité.

» Et, en effet, quelle autre conduite
» pouvais-je tenir? Quand bien même
» vos liaisons avec lui eussent pu n'être
» pas criminelles, des rendez-vous
» pendant la nuit, dans un lieu aussi

» retiré, ne pouvaient avoir qu'un but
» très-répréhensible. Il était à croire
» que Carwin avait au moins obtenu
» l'aveu de vos sentimens; qu'il avait
» surpris le secret de votre cœur; et,
» dans ce cas, un obstacle insurmon-
» table s'élevait entre vous et moi.
» D'ailleurs, qu'aurais-je gagné à vous
» faire des représentations? Ou ses
» artifices avaient déjà été couronnés
» d'un entier succès, ou ses vues
» étaient de nature à justifier le secret
» impénétrable que vous gardiez sur
» son compte. Dans le premier cas,
» toutes remontrances devenoient inu-
» tiles; dans le second, je connoissais
» assez votre discrétion pour être as-
» suré de ne pouvoir rien obtenir de
» vous; et, m'éloignant en silence,
» je dus renfermer au fond de mon
» cœur mes vœux pour votre sureté
» et pour votre bonheur.

» Je cherchai en vain dans la retraite

» la tranquillité que j'avais perdue. Le » bonheur m'avait fui pour toujours : » car je ne pouvais devenir indifférent » au péril auquel vous restiez exposée, » et dont je gémissais de ne pouvoir » vous garantir. Je voyais encore quel- » quefois Wieland et ma sœur. Ne » pouvant supporter plus long-temps » le tourment que j'éprouvais, je leur » ouvris mon cœur; je leur fis part de » mes chagrins, de mes inquiétudes, » et je les trouvai aussi alarmés que je » l'étois moi-même. Nous convînmes » ensemble que je ferais de nouveaux » efforts pour démasquer Carwin, pour · pénétrer ses desseins, et que, s'il » était reconnu qu'il ne fût que malheu- » reux, et qu'il vous aimât assez pour » désirer votre main, elle lui serait » de suite accordée, fût-il même dans » le dénuement le plus absolu.

» Je pouvais m'adresser directement » à lui; mais quel succès espérer au-

» près d'un homme qui ne paraissait
» occupé qu'à échapper à toutes mes
» recherches? J'employai donc la seule
» voie qui me restait, celle des infor-
» mations; mais il n'étoit connu de
» personne : quelques-uns se rappe-
» laient seulement de l'avoir vu, de
» l'avoir rencontré; aucun ne connais-
» sait l'époque de son arrivée dans la
» colonie, le lieu de sa résidence, qui
» il était, ce qu'il faisait; et j'étais, en
» résultat, parmi tous ceux auxquels
» je m'adressais, celui qui le connois-
» sais davantage.

» Un autre parti s'offroit encore.
» Wieland était autorisé à lui deman-
» der quel était le but de ses assiduités
» et de ses attentions près de sa sœur;
» mais ce moyen devenoit inutile:
» Carwin n'aurait pas manqué de
» rappeler qu'il n'avait pas recherché
» notre connoissance; que c'était moi
» qui l'avais présenté; qu'il avait été

» accueilli avec empressement; qu'on » avait même provoqué l'assiduité dont » on lui demandait compte, et que, » quant à ses attentions pour vous, » elles n'étaient que ce qu'elles de- » vaient être pour une femme aimable, » dans la famille de laquelle il avait » été admis avec autant d'intimité.

» Nous ne savions à quoi nous ré- » soudre; un moyen désespéré pouvait » seul vous sauver, et je me décidai à » l'employer. Mon amour, loin de » s'éteindre, s'était encore accru dans » la retraite et l'éloignement, et je me » déterminai à vous demander votre » main. Si Clara est encore pure, me » disais-je, le désir de sa conser- » vation lui fera peut-être agréer ma » demande; et si elle est déjà séduite, » il lui restera sans doute assez de prin- » cipes d'honnêteté pour la lui faire » rejeter. Telle était, je l'avoue, ma » confiance en vous, que je crus mon

» honneur à couvert, en risquant une
» semblable proposition. J'accélérai
» donc une époque que, faute de m'être
» encore cru digne de vous, je n'avais
» osé, jusque-là, qu'entrevoir; et,
» dupe de mon dévouement et de ma
» délicatesse, j'appris, bientôt après,
» de quelle infamie vous alliez me
» souiller en m'acceptant pour votre
» époux.

» Les expressions me manquent pour
» peindre la joie et la reconnoissance
» de votre frère et de son épouse, en
» apprenant cette résolution, et en re-
» cevant la prière que je leur fis, de
» vous offrir ma main et mon cœur;
» et ils me promirent de ne rien né-
» gliger pour vous déterminer à ac-
» cepter l'un et l'autre.

» Il fut convenu que je viendrais
» le lendemain recevoir votre réponse.
» Avec quelle impatience j'attendis ce

» moment ! Partagé entre l'espoir et la
» crainte, au lieu d'attendre l'après-
» midi pour me mettre en route, je
» partis le matin, dans le dessein de
» dîner à la ville et d'arriver de bonne
» heure chez Wieland. En entrant à
» Philadelphie, je me rendis au café
» du Commerce, où je m'attendais à
» rencontrer quelqu'un à qui j'avais
» à parler. Ne l'y trouvant pas, je me
» plaçai devant une table couverte de
» gazettes, et je jetai, sans intention, un
» coup-d'œil sur l'une d'elles, en pen-
» sant à la lenteur avec laquelle les
» heures s'écoulaient. Les premières
» lignes qui frappèrent mes yeux, of-
» fraient une récompense de trois cents
» guinées à ceux qui arrêteraient ou
» feraient arrêter un criminel, con-
» damné à mort, qui s'était échappé
» des prisons de Dublin en Irlande.
» Que devins-je, grand dieu ! de quelle

» horreur fus-je saisi, en apercevant » que ce criminel se nommait *Francis* » *Carwin !*

» Le signalement était si exact, qu'il » ne laissait aucun doute sur l'individu: » non-seulement sa figure, ses che- » veux, son teint, sa taille et son âge » étaient parfaitement indiqués; mais » encore sa démarche, son regard, » ses attitudes et ses gestes étaient dé- » crits et détaillés avec un soin très- » particulier.

» Il avait été reconnu coupable de » deux crimes capitaux : l'un, du rapt » de madame Stuart, mère de notre » jeune amie; l'autre, d'un vol considé- » rable fait au lord Ludlow.

» Je lus et relus cet avertissement, » qui me fit éprouver un mal affreux. » J'étais cependant parvenu à décou- » vrir ce qui, depuis si long-temps, » était l'objet de mes recherches et de » mes inquiétudes. Pourquoi donc

» étais-je consterné? Carwin était con-
» nu et démasqué. Convaincu de plu-
» sieurs crimes, il allait en recevoir la
» peine, lorsqu'il s'était échappé. On
» cherchait à le ressaisir; je l'avais sous
» la main, je pouvais le livrer, en
» purger la terre; je ne devais donc
» éprouver que de la satisfaction, et
» cependant je ressentais un abatte-
» ment inexprimable.

» Quand je pensais à l'homme avec le-
» quel vous aviez une correspondance
» secrète et des entrevues nocturnes,
» il falloit une bien grande confiance
» pour se persuader que, pure et irré-
» prochable, vous aviez pu résister à ses
» piéges, à ses artifices, à sa morale li-
» cencieuse. Eh bien! j'osai l'espérer en-
» core, je cédai au besoin le plus pres-
» sant, celui de lui arracher sa proie; et
» cette considération l'emporta à l'ins-
» tant même sur toutes celles qui ne
» m'étaient que personnelles.

» Il n'y avait pas un instant à perdre. » Je me saisis de cette gazette, que je » voulais d'ailleurs vous communi- » quer; et, comme l'avis qu'elle conte- » nait avait été extrait d'une feuille an- » glaise que l'imprimeur devait avoir » en sa possession, je me rendis de » suite chez lui. Il ne fit aucune diffi- » culté de la produire ; mais je n'y » trouvai rien de plus que ce que j'a- » vais déjà lu. Tandis que j'étais oc- » cupé à cet examen, l'imprimeur, qui » était près de moi, et qui s'aperçut de » l'objet qui fixait mon attention, m'a- » dressa la parole : L'arrestation de cet » homme paraît, Monsieur, me dit- » il, intéresser vivement plusieurs fa- » milles respectables ; et cette gazette » m'a été envoyée par M. Hallet, un des » premiers magistrats de cette ville, » avec injonction d'insérer l'article jus- » qu'à nouvel ordre. — M. Hallet ! » m'écriai-je ; et qui a pu l'engager à

» vous donner cet ordre? A-t-il con-
» naissance que ce criminel soit dans
» la colonie? A-t-il reçu sur son
» compte quelques renseignemens par-
» ticuliers? Sont-ce des motifs person-
» nels ou d'intérêt général qui le font
» agir?... L'imprimeur ne pouvant
» me donner sur ceci aucun éclaircis-
» sement, je me décidai à les aller
» prendre de M. Hallet lui-même.

» En arrivant chez lui, je lui expo-
» sai le motif de ma visite; et je n'eus
» pas besoin de réclamer l'amitié qu'il
» me portait, ainsi qu'à votre famille,
» pour le déterminer à me satisfaire.
» Son but étant de découvrir Carwin,
» il devait accueillir avec empresse-
» ment toutes les ouvertures qui sem-
» blaient pouvoir le conduire à ce ré-
» sultat. Il m'apprit, qu'une liaison
» d'amitié s'étant établie entre lui et
» le lord Ludlow, qui, quelques an-
» nées auparavant, avait résidé à Phi-

» ladelphie, ce seigneur lui avait écrit
» en lui envoyant la gazette en ques-
» tion, avec prière de faire insérer l'a-
» vis qu'elle contenait, dans la feuille
» la plus accréditée de la colonie. Il
» me communiqua sa lettre, qui, en
» confirmant les crimes de Carwin,
» ajoutait qu'on avait quelque raison
» de soupçonner qu'il s'était embarqué
» pour Philadelphie, déguisé en ma-
» telot.

» Le lord Ludlow le dépeignait
» comme un scélérat redoutable, ca-
» pable de tous les crimes qui tendent
» à renverser l'ordre social, et cons-
» tamment occupé à détruire le bon-
» heur et la tranquillité de tous ceux
» qu'il approchait. Il ajoutait que son
» adresse et ses moyens étaient de na-
» ture à être difficilement dévoilés, et
» à persuader aux plus incrédules qu'il
» était ligué avec des esprits infernaux.
» Qu'il était associé avec un certain

» nombre de scélérats subalternes et » inconnus qui lui étaient entièrement » dévoués ; et il terminait par assurer » que son but, en le poursuivant, était » moins d'avoir justice d'un vol im- » portant, que de débarrasser la société » d'un monstre qui n'en pouvait être » que le fléau.

» Quand j'eus fini de parcourir cette » lettre, M. Hallet me demanda, à » son tour, quelles étaient les raisons » qui m'avaient fait désirer ces éclair- » cissemens, et si j'avais quelques ren- » seignemens à lui donner sur ce cri- » minel. J'allais lui répondre que je » pouvais faciliter son arrestation, » lorsque je réfléchis, heureusement, à » votre situation et au tort qu'éprou- » verait votre réputation, s'il arrivait » que Carwin, étant arrêté, fût reconnu » pour celui qui avait été accueilli par » vous d'une manière aussi particu- » lière, et qui avait été reçu dans votre

» famille avec autant d'intimité. Je me
» regardais comme seul coupable de
» vous l'avoir présenté, et je ne me
» serais jamais pardonné un éclat scan-
» daleux, qui aurait achevé de vous
» perdre dans l'opinion publique. Il
» ne pouvait d'ailleurs manquer, ayant
» bientôt connaissance de l'avis in-
» séré dans la gazette, de s'éloigner
» avec précipitation; et sa fuite, rem-
» plissant alors mon but, parait à tous
» ces inconvéniens. Je répondis donc
» vaguement à M. Hallet, que la cu-
» riosité avait en partie provoqué ma
» visite; que, de plus, il me semblait
» avoir rencontré un individu qui ré-
» pondait parfaitement au signalement
» donné, et que je ne manquerais pas
» de le faire arrêter, si je l'apercevais
» quelque part.

» Le reste de la journée s'était in-
» sensiblement écoulé, et il fallait une
» circonstance aussi importante pour

» m'empêcher de voler plus tôt chez » votre frère, afin d'y recevoir votre » réponse. Armé de preuves, j'avais » obtenu tout ce que je désirais ; je me » hâtai donc de partir. La nuit appro- » chait, et il n'y avait pas un instant à » perdre, si je voulais vous trouver » encore chez Wieland. Cependant je » rentre au café, pour obtenir la per- » mission de garder jusqu'au lende- » main cette importante gazette. J'a- » perçois sur le comptoir une lettre de » votre frère adressée à Carwin. Je ré- » fléchissais sur les motifs qui avaient » pu engager Wieland à la lui écrire, » lorsque tout à coup je vois entrer » Carwin lui-même. On lui remet la » lettre ; il en rompt le cachet, la » parcourt d'un coup-d'œil ; ses traits » se décomposent ; il m'aperçoit, lance » sur moi un regard furieux, et sort » avec précipitation.

» Je me gardai de le suivre ni de

» faire aucun mouvement. Je m'étais
» emparé, le matin, de la gazette, à
» l'instant même où elle avait été ap-
» portée. Comme je l'avais gardée
» toute la journée, aucun des habitués
» n'avait pu prendre connaissance de
» l'article inséré; et Carwin ne devait
» qu'à cette circonstance singulière le
» bonheur de n'avoir pas été reconnu
» et arrêté sous mes yeux.

» Étonné de la conduite que je ve-
» nais de lui voir tenir, je montai de
» suite à cheval, et, piquant des deux,
» pour me rendre chez votre frère, je
» sortais de Philadelphie, lorsqu'à mon
» grand étonnement, je rencontrai
» Bertrand, que j'avais laissé à Leip-
» sic, près de la baronne de Stolberg,
» et que je ne croyais pas si près.
» Il venait de débarquer dans un port
» voisin, et s'était mis de suite en
» route pour se rendre chez moi. Je
» fus forcé de m'arrêter. Il me remit

» des papiers que je fus obligé de par» courir, et du contenu desquels il est » inutile de vous entretenir. Dix heu» res sonnaient, j'avais encore deux » grandes lieues à faire, et, dans l'es» poir d'arriver assez tôt, je pressai » ma course, avec toute la vîtesse dont » mon cheval était capable. Il tomba, » épuisé de fatigue, en entrant dans » la cour de votre frère. Vous veniez » de le quitter, un instant avant, pour » retourner chez vous.

» J'appris, avec un étonnement et » une joie inexprimables, votre con» sentement à accepter ma main et à » éloigner Carwin sans retour. Mes » doutes injurieux se dissipèrent, et » vous fûtes de suite réhabilitée dans » mon estime. Tenez, dis-je à Wie» land et à Catherine, lisez les preuves » des crimes de Carwin, et jugez à » quel danger je vous ai exposés, en » introduisant cet homme chez vous.

» Seul je suis coupable. Clara a pu se » laisser éblouir un instant; mais son » cœur pur n'a pas eu besoin des preu- » ves que je lui apporte, pour aban- » donner un scélérat; elle est irrépro- » chable, et je vais à l'instant même » tomber à ses pieds et lui témoigner » mes regrets et ma reconnaissance. » Il étoit onze heures; je savais que » vous vous couchiez tard, j'espérais » vous trouver encore levée. Ivre d'a- » mour et de bonheur, je ne pus re- » mettre au lendemain une entrevue » aussi intéressante; je priai Wieland » de ne pas m'attendre, et je partis à » pied, avec la rapidité de l'éclair.

» Je m'accusai, pendant le trajet, » d'avoir pu vous soupçonner, et d'a- » voir osé interpréter d'une manière in- » jurieuse, quelques mots, sans doute » indifférens, que mes yeux indiscrets » n'auraient pas dû lire. Je me rappe- » lai les événemens qui s'étaient passés,

» depuis peu, dans votre famille, et
» je trouvai qu'ils dataient exactement
» de l'arrivée de Carwin parmi nous.
» Je les avais regardés jusque-là
» comme des illusions produites par
» une imagination exaltée; mais actuel-
» lement, que je venais d'apprendre
» de Bertrand que la baronne de Stol-
» berg n'était pas morte... »

A ces mots, frappée d'étonnement, et terrassée par cette nouvelle inattendue, j'arrêtai Pleyel, et, oubliant pour un instant mon affreuse situation, je ne pus m'empêcher de m'écrier : « Com-
» ment, elle n'est pas morte !... —
» Non, répondit Pleyel, en continuant
» son récit, elle existe encore. Je de-
» meurai convaincu que l'avis de sa
» mort, qui m'avait été donné pendant
» ma promenade avec votre frère, ne
» devait être que l'effet de quelque su-
» percherie, dont Carwin avait pu être
» l'auteur. Cependant ces communi-

» cations mystérieuses avaient eu lieu » long-temps avant qu'il nous fût » connu; plusieurs d'entr'elles avaient » même été singulièrement utiles, tan» dis que d'autres, qui vous avaient » alarmée, annonçaient le meurtre » dont ce scélérat paraissait faire son » occupation principale. Il ets impos» sible de pénétrer les replis d'un cœur » dépravé, et de calculer les diverses « nuances de dégradation qui le con» duisent à placer ses jouissances » dans le malheur et dans les larmes. » L'homme corrompu est un phéno» mène de la nature; il ne devient peut» être jamais plus étonnant, jamais il » ne déploye d'aussi grands moyens, » que lorsqu'il se consacre au mal : il » n'a besoin de recourir à aucune puis» sance surnaturelle : le vice a tou» jours été plus actif que la vertu, et » jamais il ne lui a fallu de secours » étrangers pour désoler la terre.

» Enseveli dans ces réflexions, j'ar-
» rivai au sentier qui sépare votre pro-
» priété de celle de votre frère. Avant
» de suivre ce sentier qui longe la ri-
» vière jusqu'à votre habitation, que
» déjà le clair de lune me faisait aper-
» cevoir, je m'arrête quelques instans
» pour reprendre haleine et pour cal-
» mer mes esprits agités. Un silence
» profond régnait par-tout. Je n'aper-
» cevais chez vous aucune lumière.
» Elle repose, me disais-je, elle re-
» pose, comme la nature, dans le
» calme de son innocence. Je ne trou-
» blerai pas son sommeil. Bercée en
» ce moment par un songe que je me
» garderai bien d'interrompre, peut-
» être me voit-elle à ses pieds, lui
» jurer un amour éternel. Je ferai plu-
» tôt un détour pour me rendre sous
» les fenêtres d'Agatha, que j'appelle-
» rai, et qui m'introduira par la porte
» du jardin.

» En ce moment, mon attention fut
» fixée par un léger bruit que j'enten-
» dis à peu de distance, et qui me
» causa d'abord quelque inquiétude;
» je me rassurai bientôt, je poursuivis
» ma route, et j'arrivai enfin près de
» cette grotte fatale qui avait été si long-
» temps l'objet de mes soupçons. Tout
» à coup, je crois entendre parler à
» demi-voix; j'écoute, et je m'assure
» que je ne me suis pas trompé. On
» était encore loin de moi. J'avance,
» j'entends plus clairement; mais le
» bruit de la cascade m'empêche de
» distinguer le sujet de la conversa-
» tion. J'ignorais encore quel était le
» lieu de la scène; mais je m'aperçus
» bientôt que les interlocuteurs étaient
» dans la grotte. Malgré le désir que
» j'éprouvais d'arriver promptement
» chez vous, tout ce qui avait eu rap-
» port à ce lieu mystérieux se retraça
» dans cet instant à mon esprit. Peut-

» être, m'écriai-je, vais-je être assez » heureux pour achever de démasquer » Carwin sur le théâtre même de ses » intrigues ! J'entends rire ; c'était une » femme. J'avance encore, je redouble » d'attention ; cette femme, c'était » vous !... D'autres ris succèdent aux » premiers...... Cette fois, c'était un » homme..... c'était Carwin !

» Les cheveux me dressèrent à la » tête. Ce moment, m'écriai-je, sera » peut-être le dernier de ma vie ; mais, » n'importe, plus de doutes, plus de » soupçon ; je vais tout savoir, je vais » tout éclaircir. » Ici Pleyel me fixa avec attention : « Poursuivrai-je, me » dit-il ? — Sans doute, lui répondis- » je. — Eh bien ! s'écria-t-il, je pour- » suivrai.

» Je ne voulais pas surprendre, je » ne voulais qu'entendre. Les person- » nages m'étaient connus ; mais je ré- » solus, à tout prix, de savoir ce qu'ils

» disaient, ce qu'ils faisaient, et de
» tout risquer pour y parvenir.

» Il fallait éviter le seul et unique
» sentier qui conduisait à vous, et que
» je ne pouvais prendre qu'en faisant
» un long détour et en perdant un
» temps précieux. Je me laisse glisser
» sur le rocher à pic, et, au risque de
» me tuer ou de me précipiter dans la
» rivière, n'ayant d'autre soutien que
» quelques arbustes auxquels je m'ac-
» croche, je descends sans accident, et
» je me trouve placé, à peu de distance,
» directement au-dessus de vous. La
» lune ne pouvant pénétrer dans cet
» endroit, je ne pouvais ni voir ni être
» vu; mon ame toute entière était con-
» centrée dans mon ouïe; mon cœur
» battait avec force; je ne doutais plus
» de mon malheur, mais je voulais en
» acquérir la certitude, et je l'ai enfin
» obtenue. »

Ici Pleyel s'arrêta de nouveau; il paraissait souffrir un tourment inexprimable. L'étonnement et l'horreur que m'avait causés ce récit, firent place dans mon cœur à la pitié qu'il m'inspirait. Je m'oubliai, je cessai de voir en lui un être injuste et coupable, et je le crus aussi malheureux que je l'étais moi-même. Je ne devinais que trop de quelle nature devait être la conversation que Pleyel avait entendue. Je connaissais Carwin; je savais de quoi il était capable; et les détails que je venais d'entendre m'avaient éclairée sur la profondeur de ses artifices. Je fus de suite convaincue qu'il avait combiné sa vengeance, de manière à perdre sa victime; je m'aperçus que l'opinion de Pleyel devait être immuable, et que tous mes efforts pour le désabuser seraient inutiles. J'étais calme; mais c'était le calme du désespoir; c'était une impassibilité que ni la douleur, ni les injures de Pleyel ne pouvaient vaincre. Il reprit, avec un sourire amer :

» Désirez-vous en entendre davan-
» tage? Est-il nécessaire de vous ré-
» péter cette conversation? Est-ce la
» honte, qui vous réduit au silence?
» Dois-je continuer, ou bien êtes-vous
» satisfaite?

» Continuez, lui répondis-je, en
» baissant la tête... Continuez... Je
» ne vous fais pas cette demande pour
» vous détromper... Je ne puis l'es-
» pérer... Je n'oserais l'entreprendre.
» Le sort le plus affreux est déchaîné
» contre moi... Il est inutile de lui
» résister, et je dois me soumettre.
» Mais, poursuivez, je vous en con-
» jure : j'ai besoin de connaître tout
» ce qu'il me prépare; j'ai besoin de
» sonder toute la profondeur de l'a-
» byme qui est ouvert devant moi.
» L'innocent dont la tête va tomber,

» peut vouloir s'assurer si le fer est
» bien acéré..... Ne refusez pas ma
» dernière prière, je ne vous quitterai
» pas que je ne l'aye obtenue. »

Pourquoi, en m'écoutant, Pleyel parut-il encore hésiter? Quelque nouveau doute vint-il se présenter à son esprit? Crut-il entrevoir une preuve d'innocence dans le calme effrayant dont j'étais frappée. Cet état d'incertitude ne fut pas de longue durée; l'indignation remplaça de suite cet éclair de bienveillance; le ressentiment et le mépris s'emparèrent de lui, et il continua, avec la plus grande véhémence:

» Insensé que je suis! de me prêter
» à jouer un semblable rôle, de con-
» sentir à devenir le jouet d'une femme
» telle que vous! Mais, vous l'exigez,
» j'aurai encore cette condescendance.
» Je ne vous refuserai pas les détails
» de cet infame dialogue; je vous ré-
» péterai vos propres expressions;

» vous les écouterez avec l'endurcis-
» sement du crime, et je fixerai avec
» horreur ce front dégradé qui ne sait
» plus rougir. Je suis depuis long-
» temps accoutumé à souffrir pour
» vous; et ce peut être un spectacle
» utile, quoique douloureux pour l'ob-
» servateur, que de méditer sur le der-
» nier degré d'avilissement où peut
» tomber la vertu. »

Il s'arrêta. « ... Non, s'écria-t-il en-
» suite, torturé par ses souvenirs;
» non, je n'ai ni la force, ni le cou-
» rage de vous répéter les aveux hon-
» teux que vous fîtes de votre amour
» et de votre abandon, au mépris des
» principes d'honneur et de délica-
» tesse qui distinguent votre sexe!
» Qu'il me suffise de dire que j'acquis
» la preuve, que, déjà depuis long-
» temps, Carwin n'avait plus rien à
» vous demander; que votre déshon-
» neur était consommé, et que vous

» sortiez de ses bras, cette nuit même,
» où, guidé par mon amour et mon
» inquiétude, je vins vous chercher
» en cet endroit. Ah ! des femmes cor-
» rompues eussent rougi près de vous !
» Je fus convaincu, en vous écoutant,
» que votre ame flétrie était fermée
» au repentir. »

Grand Dieu ! tu fus témoin de tout ce que je souffris en écoutant cet affreux récit ! Tu sais que si je n'expirai pas de douleur, c'est que je crus que je pouvais être trompée par quelque illusion, que je pouvais l'être encore par un songe.

Il poursuivit : « Cette criminelle
» entrevue, en m'ouvrant les yeux,
» me développa le mystère de votre
» conduite passée. Combien je rou-
» gissais d'avoir précédemment été
» votre dupe dans ce même endroit,
» lorsque j'y volai à votre secours !
» Ce bras, que l'amitié croyait offrir à

» la vertu timide, ne servit donc qu'à » soutenir les fatigues de la prostitu- » tion !

» Liguée avec votre séducteur dans » toutes les manœuvres qui pouvaient » voiler votre coupable intrigue, vous » fûtes de moitié dans tous ces faits » mystérieux en apparence, et qui n'a- » vaient pour but, en répandant la ter- » reur, que d'écarter ceux qui auraient » pu vous surprendre ou gêner vos en- » trevues. Cruel artifice ! qui coûtera » la raison, et peut-être la vie, à votre » malheureux frère ! Vous couronne- » rez vos crimes par la destruction » de toute votre famille... Malheur ! » malheur à ceux qui vous appartien- » nent, ou qui vous auront connue !

» Vous m'avez reproché de n'avoir » pas fondu sur vous pour vous sur- » prendre et pour vous démasquer ! » Et qu'y aurais-je gagné ? Avais-je » besoin d'en apprendre davantage ?

» N'avais-je pas eu le courage d'écouter jusqu'au bout? Pouvait-il me rester le moindre doute sur l'identité des personnages?

» Je vous entendis remonter et vous éloigner. Je ne pouvais descendre dans la grotte, ni même vous couper le passage; d'ailleurs j'étais sans armes; il y aurait eu de la folie à me jeter au-devant d'un assassin dont je connaissais la force prodigieuse, et je devais lui épargner, ainsi qu'à vous, l'occasion de vous défaire du seul témoin de votre infamie en le poignardant et en jetant son corps mutilé dans le fleuve... Je ne tenais pas à la vie; mais je voulais vivre pour démasquer le vice et pour châtier l'imposture.

» Je vous laissai donc aller, et je parvins, avec beaucoup de difficulté, à remonter au haut du précipice. Quand j'y fus parvenu, je m'arrêtai pour

» réfléchir sur la conduite que j'avais » à tenir. En proie aux émotions les » plus tumultueuses, je ne respirais » que la vengeance. Je formai divers » projets pour vous punir l'un et l'au- » tre, et je les rejetai au même ins- » tant. Je voulais ensuite aller trouver » votre frère, pour l'instruire de votre » conduite et concerter les moyens de » vous sauver; mais je craignais d'aug- » menter en lui une indisposition mo- » rale qui déjà nous faisait appréhen- » der la perte de sa raison; je devais » ménager la sensibilité de Catherine, » qui était incommodée depuis quel- » que temps; et mon retour précipité, » en les étonnant, m'aurait ôté les » moyens d'employer aucune espèce » de ménagement.

» Vous aviez annoncé, en quittant » la grotte, l'intention d'accompagner » Carwin jusqu'au bois qui termine » votre propriété; et c'est là que,

» regrettant encore de vous séparer » de lui, vous deviez lui dire un der» nier adieu. Je me décidai à aller » vous attendre chez vous, à vous y » convaincre, et à tout employer pour » vous amener au repentir. La porte » extérieure, que je trouvai ouverte, » ainsi que votre fenêtre, me confir» mant votre absence, m'aurait con» vaincu, si j'en avais eu besoin, que » tout ce que je venais d'entendre n'é» tait pas une illusion. Cependant, je » dois avouer une dernière faiblesse : » en passant devant votre apparte» ment pour entrer dans le mien, je » m'arrêtai, j'écoutai ; et, comme si » j'eusse eu besoin d'une preuve de » plus, j'essayai d'ouvrir votre porte ; » mais elle était fermée à la clef : » ainsi il était évident que vous n'é» tiez pas chez vous, que vous n'étiez » pas couchée, et je me jetai avec » désespoir dans mon appartement.

» Je rougis encore en me rappelant
» cette conduite; mais le malheureux
» qui se noye s'attache à tout.

» Je voulais vous accuser et vous
» confondre; mais, craignant les suites
» de mon désespoir, si je vous voyais
» en cet état, je préférai remettre au
» lendemain cette pénible entrevue.
» Je serai plus calme, me disais-je,
» j'aurai vaincu le ressentiment d'un
» amour outragé; j'en aurai éteint jus-
» qu'au dernier mouvement; dépouillé
» de tout sentiment personnel, et,
» tout entier à la pitié que doit inspi-
» rer cette malheureuse victime, et à
» l'intérêt que je dois à sa respectable
» famille, je serai plus en état de lui
» parler le langage d'un ami, et de
» rappeler le remords dans son cœur.

» Était-ce d'ailleurs au moment où,
» sortant des bras de Carwin, vous
» étiez encore remplie des impres-
» sions criminelles qu'il venait de vous

» communiquer, que je pouvais espé-
» rer de me faire entendre? Autant
» aurait valu m'adresser à Carwin lui-
» même. Un délai était donc nécessaire
» pour refroidir vos sens, pour vous
» rendre à la réflexion, et je résolus
» d'en profiter.

» Je vous entendis revenir, monter,
» entrer dans votre appartement, et
» en fermer soigneusement la porte.
» Je me jetai tout habillé sur mon lit;
» et là, sans fermer l'œil, je ne m'oc-
» cupai qu'à me résigner à ma situa-
» tion et à me préparer à vous voir.

» Vous savez le reste; vous vous
» rappelez notre première entrevue.
» Votre détestable hypocrisie me fit
» oublier toutes mes résolutions. Je
» ne pus retenir ma vive indignation;
» je me la reproche, puisqu'elle n'a
» servi à rien: vous êtes devenue même
» insensible au mépris!

» Vous osâtes ensuite venir me trou-

» ver chez moi, au moment où j'allais
» partir, et quitter pour jamais la co-
» lonie. Je fus assez crédule pour ima-
» giner que vous veniez répandre près
» de moi les larmes du repentir; mon
» cœur s'ouvrit encore à la compas-
» sion; mais vous le fermâtes aussitôt
» par votre endurcissement. Je dois
» cependant convenir que ce ne fut
» pas sans de violens combats, que
» vous persistâtes à nier. Vingt fois
» près de tout avouer, vingt fois votre
» cœur flétri repoussa l'aveu et les
» moyens de salut que je vous offrais
» encore. Ces combats pensèrent vous
» coûter la vie; mais vous préférâtes
» mourir déshonorée, plutôt que de
» vivre pour pleurer et pour réparer
» vos fautes.

» Mais pourquoi blâmerais-je cette
» manœuvre? Ne pensa-t-elle pas vous
» réussir? Ne fus-je pas près de de-
» venir votre dupe, et ne fus-je pas

» assez faible alors pour croire que » vous pouviez être encore innocente, » et que mes sens pouvaient avoir été » trompés? Ah ! combien le crime a » d'avantages sur la vertu ! Pour res- » ter pur, il faut fuir, sans le voir ni » l'entendre, l'être qui est corrompu. » J'allais douter de l'évidence; j'allais » croire Carwin honnête homme, et » vous, une femme sans reproche; en- » core un instant, et j'allais m'accuser, » j'allais m'avouer le seul coupable!

» Ma résolution fut irrévocablement » fixée; je me promis de ne plus vous » voir. Je ne me pardonnerai jamais » de n'avoir pas su tenir ma promesse. » Mais vous avez voulu entendre ce » récit; vous l'avez écouté sans chan- » ger de visage; et ce front, jadis in- » génu, ne sait même plus rougir!

» Allez ! Oubliez-moi, comme, de » mon côté, je vais vous oublier. Ne » tentez jamais de me revoir : cela

» serait inutile. N'écrivez pas : vos
» lettres ne seraient pas lues. Je vais
» m'éloigner à l'instant; je cacherai
» le lieu de ma retraite; et si mes
» yeux doivent se fixer encore sur
» vous, que ce soit pour vous voir
» prosternée aux pieds des autels, bai-
» gnant la terre de vos larmes, vous
» accusant devant les hommes, im-
» plorant le pardon du ciel : alors,
» peut-être, je pourrai croire à votre
» repentir. »

Telles furent ses dernières paroles; elles retentissent encore à mon oreille, elles me font encore tressaillir d'effroi. Il sortit, et je ne le revis plus. Fixée à la même place, l'œil sec, le front calme, le désespoir dans le cœur, j'étais dans un état de stupeur, qui devait ressembler à l'audace, à la froide scélératesse; et Pleyel avait pu, en effet, juger ainsi.

Lorsqu'après son départ mes idées

purent reprendre leur cours, la première qui se présenta fut que j'étais destinée à être éternellement malheureuse, et qu'il ne me restait plus qu'à me résigner au sort le plus rigoureux. Combien je regrettai alors ces précieuses consolations qu'offre la religion à ceux qui se sont constamment guidés par ses préceptes ! Combien elles auraient adouci mes peines ! Elles m'auraient préservée de cette paralysie morale qui m'avait desséché le cœur, et j'aurais encore trouvé des larmes. Je ne tenais plus à la vie; j'aurais voulu cesser d'exister; la religion ne retenait donc pas un bras qui, armé d'un poignard, eût peut-être été chercher au fond de ce cœur brisé, un dernier signe de sensibilité, s'il n'eût été arrêté par une froide curiosité, par le désir de connaître si de semblables malheurs pouvaient s'augmenter encore.

Le jour tombait, la nuit approchait.

Je remontai, exaspérée et sans secours, dans cette même voiture, dont, peu auparavant, il avait fallu me descendre; je m'éloignai rapidement de cette maison, où j'avais tant souffert, et je repris tristement le chemin de Philadelphie.

CHAPITRE IV.

Il était tard lorsque j'entrai dans la ville. Je la traversai sans m'arrêter ; et j'en sortais à peine, lorsque ma voiture fut arrêtée par un inconnu qui, après m'avoir remis une lettre, s'éloigna avec précipitation. Je descendis, à quatre pas de là, dans une auberge ; je me fis apporter de la lumière, et je lus ce qui suit :

» Banni par votre famille, pour-
» suivi pour des crimes imaginaires,
» jusqu'au fond des forêts, où depuis
» long-temps j'ai pris ma résidence,
» je dois désormais renoncer à vous
» voir, à moins que le plus profond
» secret ne couvre nos entrevues. Elles
» sont indispensables : car seul je vous
» reste ; seul, je puis réparer vos mal-

» heurs, changer votre sort et effacer » tout ce que vous avez souffert. Il » faut donc que je vous voie; et si » votre bonheur vous est cher, vous » devez le désirer.

» Vous avez consenti à épouser » Pleyel, et je sais que Pleyel vient de » vous rejeter. Je ne vous fais aucun » reproche; je serai généreux, et ne » vous punirai pas d'avoir voulu m'a- » bandonner.

» Ne craignez rien. Vous serez en- » core, quand vous m'aurez vu, maî- » tresse de votre sort; mais, au moins, » je vous aurai présenté les moyens » de le fixer. Je serai ce soir chez vous » à onze heures. Si vous consentez à » me recevoir, vous laisserez la porte » ouverte. Vous pouvez placer votre » confiance en moi, puisque j'ose vous » confier ma liberté, ma vie, et que » vous êtes la maîtresse de me faire en- » lever à l'instant où je me présenterai

» chez vous; mais je vous connais, et
» je ne dois pas appréhender une tra-
» hison qui ne vous serait d'aucune
» utilité.

» Réfléchissez.... Prononcez. Votre
» acquiescement à ma demande peut
» vous rendre au bonheur; votre refus
» comble la mesure de votre infor-
» tune. Vous n'avez qu'un instant; ne
» le laissez pas échapper; vous ne le
» retrouveriez plus : car, alors, je m'é-
» loigne de suite et pour toujours d'un
» pays où je travaillais à vous préparer
» un sort digne d'envie; que je puis
» vous offrir encore, et tel, que Pleyel
» lui-même, confus et tremblant, n'o-
» serait vous envisager qu'avec crainte
» et respect..... J'emprunte, et je le
» dois, une main étrangère. Adieu,
» Clara; souvenez-vous que le coup
» de onze heures va fixer irrévocable-
» ment vos destinées. »

CARWIN.

Quelle lettre ! quelle audace ! quel style énigmatique ! Je frissonnais en la lisant. Il était prévenu qu'on le cherchait pour l'arrêter, et il osait se mettre entre mes mains ! Il osait me reprocher de lui avoir préféré Pleyel, et il poussait l'insolence jusqu'à vouloir bien me pardonner cette préférence ! Il s'annonçait, malgré sa situation, comme le maître absolu de mon sort ! Il pouvait le rendre digne d'envie, et moi l'objet de la vénération et du respect ! Et celui qui m'écrivait ainsi, était un meurtrier qui avait attenté à mes jours, et qui avait fait pis encore en détruisant ma réputation ! Et il sollicitait un rendez-vous, et le demandait comme étant assuré de l'obtenir ! Il me regardait comme n'ayant plus que lui pour ami et pour protecteur ! Je ne revenais pas de la frayeur que cette lettre m'avait causée. Était-il donc, aussi, privé de sa raison ? Oh !

non, non : ce billet, au contraire, annonçait un homme adroit, habile à conduire un plan, à diriger tous les ressorts qui font mouvoir le cœur humain, à tirer parti de toutes les circonstances, et à profiter de tous les avantages.

Comment avait-il pu savoir que j'avais été repoussée par Pleyel? Qui avait pu l'instruire du moment où je devais partir, de la route que je devais prendre, de l'heure où je devais passer? J'étais épouvantée en réfléchissant à tout cela, et j'ignorais où je devais aller pour être à l'abri de ses poursuites. Ma première résolution fut de retourner à Philadelphie, et d'y rester chez mes amis. Il se serait vainement présenté chez moi; et, convaincu que j'étais décidée à le fuir, désespérant de rien obtenir, et craignant d'être arrêté, il se serait éloigné pour toujours. Mais, persuadée que je serais encore plus en sureté dans ma famille, j'abandonnai ce projet. Je pensai ensuite à me servir de sa lettre pour me justifier aux yeux de Pleyel et de mes parens abusés... Vaine espérance! Il avait eu la précaution d'emprunter une autre main pour l'écrire; elle ne contenait pas une seule expression dont je pusse tirer avantage, et la malignité pouvait, au contraire, y puiser des armes bien puissantes contre moi. On a si peu de dispositions à accueillir le bien et tant de facilité à croire le mal!

Je pouvais, pour me justifier, livrer Carwin, le faire arrêter, le mettre dans les mains de la justice, qui lui aurait arraché l'aveu de mon innocence. Mais il n'était pas homme à se laisser facilement saisir. Il serait, sans doute, venu armé, peut-être escorté; je connaissais sa force et son adresse; et cette tentative, en exposant mes amis, n'aurait servi qu'à lui offrir de nouveaux crimes à commettre. On pouvait, à la vérité, recourir à l'autorité, qui aurait envoyé main-forte; mais Carwin, parfaitement instruit, comme on vient de le voir, de tout ce qui se passait de plus secret autour de moi, se serait bien gardé alors de se présenter à l'heure indiquée.

Et quand j'eusse réussi à le faire saisir, en aurait-on été plus persuadé de mon innocence? Loin que sa conscience se fût réveillée à la vue des supplices, il se fût vengé en m'associant à ses crimes; et il serait péri sur un échafaud en me couvrant de son ignominie.

J'avais, dans sa lettre, la mesure de son audace : car dans quelle autre circonstance eût-il osé l'écrire, eût-il osé se flatter que je pourrais consentir à voir secrètement un être signalé à la justice, et dont j'avais eu tant à me plaindre? Je frémis, en songeant que ma situation était assez déplorable pour avoir pu l'encourager à me faire cette demande avec quelque apparence de succès.

Ces réflexions me ramenèrent à ma dernière entrevue avec Pleyel, et au dialogue qu'il prétendit avoir entendu dans la grotte, entre Carwin et moi ; et je ne pus que déplorer le concours des circonstances fatales qui contribuèrent à l'affermir dans son erreur.

Je me ressouvins que je gardai en effet un profond silence, lorsque, le prenant pour mon persécuteur, je l'entendis monter, s'arrêter, écouter à ma porte, et que ce silence dut lui persuader que j'étais alors hors de chez moi. Et cependant, le moindre signal de ma part, en ce moment, le détrompait, et lui prouvait que ce n'était pas moi qu'il venait d'entendre dans la grotte. Mais il dut croire, lorsque je remontai à grands pas, après avoir été, sans bruit, fermer la porte extérieure, pour me garantir contre une nouvelle attaque, que je venais, en effet, de quitter Carwin, et que je rentrais à l'instant même dans la maison.

Le succès de cet intrigant avait donc tenu à bien peu de chose; un rien avait fait pencher contre moi la balance! J'aurais pu, en abordant Pleyel, le lendemain matin, entamer ma justification par ces détails, et elle eût été complète. Comment, en effet, aurais-je pu lui dire, si j'avais été hors de chez moi, qu'il s'était arrêté à ma porte; qu'il avait essayé de l'ouvrir; qu'il avait fermé la sienne avec violence? J'ignorais alors que ces faits minutieux fussent d'une aussi haute importance; et lorsque je le vis, le soir, chez lui, et depuis dans notre dernière entrevue, non-seulement mon étonnement et ma douleur m'empêchèrent d'y songer; mais quand bien même cela me fût venu dans l'idée, il n'était plus temps: j'avais alors communiqué avec Wieland, qu'il avait vraisemblablement instruit des moindres circonstances, et il aurait pu croire, avec raison, que mon frère m'en avait fait part, afin de me procurer quelques moyens de défense. Mais actuellement qu'il m'avait raconté lui-même ces détails minutieux, ce moyen de justification était perdu pour moi. Je ne devais plus, d'ailleurs, espérer de le revoir: il avait dû s'éloigner pour toujours, et cet abandon réveilla toute ma sensibilité.

« Vous êtes donc parti! m'écriai-je
» en versant un torrent de larmes;
» vous êtes parti pour toujours! Je ne
» puis plus vous voir, ni vous écrire;
» rien ne peut actuellement vous
» détromper! Vous emportez, avec
» votre erreur, mon bonheur et mes

» espérances ! Vous me laissez exposée » à toutes les attaques de mon cruel » ennemi ! Vous me laissez en son » pouvoir !... Ah, Pleyel ! à qui au- » rai-je recours dans la situation où » je me trouve ? Sera-ce à mon frère, » dont la raison commence à s'altérer ? » Sera-ce à Catherine, qui ne peut » m'offrir des consolations dont elle- » même a besoin ?... Carwin n'a pas » tort : lui seul me reste ; en lui re- » posent toutes mes espérances, et » je suis, en effet, réduite à implorer » la pitié et la protection d'un scé- » lérat !

» Il demande une entrevue ; il peut, » dit-il, réparer mes malheurs ; il » m'assure que je ne dois pas le crain- » dre ; il m'offre pour garant sa liberté » et sa vie ! Il m'annonce que, si je » le refuse, il s'éloignera, et que mon » sort sera irrévocablement fixé ! Se- » rait-il donc capable de repentir ? Et

» serait-il disposé à réparer ses torts?
» Laisserai-je échapper cet unique
» moyen de salut? Refuserai-je un en-
» tretien que je devrais peut-être sol-
» liciter, s'il ne me l'avait pas offert?
» Ici, il n'y a ni piéges, ni détours;
» il s'explique ouvertement, et cette
» lettre est écrite de manière à écar-
» ter l'idée de tout nouveau subter-
» fuge?

» Et puis, quel mal lui ai-je fait,
» pour croire que ma situation et mes
» larmes ne pourront le toucher? Ah!
» il croira facilement que j'ai assez
» souffert. Enfin, qu'ai-je à craindre
» de plus? Ce n'est pas pour une exis-
» tence dont je voudrais être délivrée;
» ce n'est pas pour mon honneur,
» que je sauverai toujours en sacri-
» fiant ma vie; et l'agent tutélaire qui
» s'est jusqu'ici intéressé à mon sort,
» consentira peut-être à veiller en-
» core sur moi, et à me continuer sa

» bienveillante protection. Je le ver-
» rai, m'écriai-je, je le verrai : je suis
» maintenant au-dessus de tous les
» événemens ; je puis défier le sort.
» Ma résolution est inébranlable ; et
» ou je périrai, ou je recouvrerai
» l'honneur. » Cette résolution prise, loin d'éprouver la moindre hésitation, j'en vins à me plaindre de la lenteur du temps, et à désirer impatiemment l'heure à laquelle était fixé ce rendez-vous.

Je ne m'occupai plus que de le cacher à Wieland et à sa femme, qui, loin d'être en état de recevoir une semblable confidence, n'auraient pas manqué de m'en détourner. Il fallait éviter de descendre chez eux : car ils eussent trouvé fort imprudent que j'allasse passer la nuit chez moi, et ils s'y seraient opposés de tout leur pouvoir. Je pouvais m'y rendre directement, et revenir ensuite les trouver. Mais ils se couchaient avant l'heure fixée pour le rendez-vous, et il était probable que la nuit serait trop avancée lorsque je quitterais Carwin, pour pouvoir espérer de trouver ma famille encore levée.

Il n'y avait d'autre moyen que de rester jusqu'au lendemain à Mettinghen. On ne m'attendait pas; mon retour n'avait pas été annoncé, et, en agissant ainsi, je prévenais tout obstacle. Étrangère, jusque-là, à la moindre dissimulation, je ne me crus pas coupable en supprimant la vérité, et déjà je faisais un premier pas vers le mensonge. Je ne me dissimulai pas à quoi je m'exposais si l'on venait à apprendre cette entrevue. Les accusations de Pleyel se trouvaient confirmées, et il devenait impossible d'interpréter favorablement mon retour dans une maison où j'avais déjà couru d'aussi grands dangers.

J'arrivai, dans ces dispositions, à

peu de distance de l'habitation de mon frère, et j'allais donner l'ordre de prendre le chemin qui conduisait chez moi, lorsque je réfléchis que j'avais sa voiture, son cocher et un de ses domestiques. Comment espérer le secret en les menant avec moi? Comment arriver avec eux, sans éloigner Carwin, sans renoncer à le voir? Et si je les renvoyais chez mon frère, après être descendue de voiture, prévenu, par leur retour, de ce qui se passait, ne se serait-il pas hâté de venir me chercher pour me ramener chez lui? N'était-il pas à craindre qu'il ne vît Carwin, et n'avais-je pas tout à redouter des résultats d'une semblable rencontre?

Je ne savais à quoi m'arrêter, ni quel parti prendre, lorsque je m'aperçus que la voiture entrait dans la cour. Il n'était plus temps de délibérer, et il fallait me décider à l'instant. Je résolus aussitôt de prétexter un reste d'indisposition, qui me rendait le repos nécessaire; d'instruire en peu de mots ma famille de ce qui venait de se passer avec Pleyel; de me retirer dans mon appartement, et d'aller furtivement trouver Carwin, dès que je la croirais livrée au sommeil.

J'entre, je ne vois personne. Je jette un regard sur la pendule; il était près de onze heures, et des lumières expirantes annonçaient qu'on avait depuis long-temps quitté la maison! Surprise de la solitude qui régnait par-tout, et plus encore d'avoir trouvé les portes ouvertes et la table encore préparée pour le souper, je parcours inutilement les appartemens. Il était certain que la famille n'était pas couchée; mais qu'était-elle devenue? Je pensai que Wieland et Catherine pouvaient être allés à la ferme, et qu'on avait pu les y retenir. Onze heures sonnaient. Je n'avais pas un instant à perdre; l'absence de

Wieland favorisait mes desseins. Tous les obstacles disparaissaient; je pouvais, sans employer aucun subterfuge, aller trouver Carwin et revenir peu de temps après. Mais comment m'éloigner sans être rassurée sur le sort des miens? Je craignais qu'il ne leur fût arrivé quelqu'événement fâcheux, et je m'oubliai un instant, pour ne m'occuper que de leur situation. Je pensai que Louisa pouvait être couchée, et que je pourrais en obtenir des éclaircissemens qui mettraient fin à toutes mes inquiétudes.

Je monte chez elle; je la trouve, en effet; elle dormait profondément. Je la réveillai; elle fut aussi surprise que satisfaite de me revoir. Elle m'apprit que Wieland et sa femme, ayant su, par un exprès que Pleyel leur avait envoyé, que je devais revenir dans la soirée, m'avaient attendue avec impatience; que, s'étonnant de mon retard et craignant qu'il ne me fût survenu quelqu'accident, ils s'étaient decidés à rester levés; mais que, comme elle était montée avant leur départ, elle ignorait absolument la cause de leur absence. Elle ajouta, qu'ils étaient probablement allés au devant de moi jusqu'à la ferme, et qu'il était à croire qu'ils n'avaient pas entendu passer la voiture.

Rassurée sur ce point, je ne balançai plus à me mettre en route, et je pris de suite le sentier qui abrégeait le chemin. La nuit était belle, l'atmosphère pur, le ciel étoilé, et j'y voyais assez pour me conduire. Bientôt j'aperçois, de loin, ce toit abandonné, sous lequel j'avais juré de ne jamais reparaître. La témérité de mon entreprise, le danger auquel j'allais m'exposer se présentèrent vivement à mon imagination. Je m'armai, à l'instant, d'un couteau que, par précaution, j'avais emporté en sortant de chez mon frère; mais quels devaient être ma situation et le désespoir qui me guidait, pour que je fusse parvenue à réfléchir de sang froid sur l'usage que je pouvais être obligée d'en faire, afin de me sauver d'un danger auquel j'allais volontairement m'exposer ! Mais j'étais entraînée ; et il n'était pas plus en mon pouvoir de résister à ma destinée, qu'il ne m'était possible d'y apporter le moindre changement.

CHAPITRE V.

J'avais à peine franchi un coude qui m'amena en face de la maison, que j'aperçus avec surprise une lumière dans ma chambre à coucher. Rien n'était plus extraordinaire! Je m'attendais, à la vérité, à rencontrer Carwin; mais comment avait-il pu s'introduire sans moi? Comment avait-il osé produire une clarté qui, en fixant l'attention, pouvait mettre obstacle à notre entrevue, en annonçant au loin qu'il devait y avoir quelqu'un dans un lieu que l'on croyait inhabité? Une semblable imprudence était inexplicable! Était-il sage de me hasarder sans précaution? Je m'arrêtai à quelque distance, pour voir si j'apercevrais quelqu'un. Je ne vis rien; mais bientôt un rayon lumineux vint se projeter sur un arbuste qui se trouvait près de moi, et se porter ensuite successivement sur différentes parties du jardin. Je jetai de nouveau les yeux vers la fenêtre; l'appartement était encore éclairé; mais il était évident que la lumière avait changé de place, et que quelqu'un devait se trouver dans cet appartement.

Je réfléchis un instant sur le parti que j'avais à prendre. Je pouvais appeler ou frapper, et m'assurer, avant d'entrer, quel était celui qui s'était introduit chez moi. J'approchai, j'écoutai attentivement à la porte; mais je n'entendis aucun bruit. Je frappai d'abord légèrement, ensuite avec plus de force, j'appelai, mais inutilement; on ne vint pas, on ne répondit pas. Je me reculai de nouveau, pour examiner l'appartement; la plus profonde obscurité y régnait; l'individu qui s'y trouvait, averti sans doute par le bruit que je venais de faire, avait éteint sa lumière. Il était donc probable, puisqu'il cherchait à n'être pas connu, que ce ne pouvait être Carwin, et le profond silence qu'il avait gardé fortifiait encore cette conjecture.

Quel est celui qui osera analyser le courage, le réduire en principes, lui prescrire une marche invariable, et poser des bornes à la témérité que le désespoir peut inspirer à l'être le plus timide? Autant vaudrait prétendre saisir les secrets de la nature. Tout annonçait un danger autre que celui que j'étais disposée à affronter, et de nature à n'être pas impunément bravé par une femme. Cependant je me décidai à dévoiler ce nouveau mystère, et, appuyant aussitôt la main sur la pointe du couteau, pour m'assurer si elle était bien acérée: « Voilà, m'écriai-je, l'u-
» nique protecteur de ma vertu et de

» mon innocence ; malheur à celui qui » cherchera à y porter atteinte ! »

La maison était fermée, les clefs étaient chez mon frère ; j'avais sur moi celle qui ouvrait la porte du jardin, et je m'en approchai dans l'intention d'en faire usage. Je trouvai, à mon grand étonnement, que la serrure était ouverte, et que ma clef devenait inutile. N'importe, je m'introduis avec précaution, et je ferme sur moi. L'obscurité et le silence régnaient par-tout. Je connaissais les lieux ; je gagne, à tâtons, un cabinet, dans lequel je savais devoir trouver un briquet, et je me procure bientôt une lumière protectrice.

Il me tardait de monter et de découvrir celui qui, après être entré chez moi, voulait y rester caché. Je pensai qu'il était possible, cependant, que ce fût Carwin qui avait pu vouloir s'assurer, avant tout, si j'étais seule, et s'il n'avait pas à appréhender pour sa liberté. Mais comment avait-il pu s'introduire? Qui lui avait procuré la clef de ma maison? Avait-il eu l'intention, en s'y cachant, de me tendre quelque piége? Cherchait-il à me persuader qu'il n'était pas là; et, se repentant de sa démarche, craignait-il de me voir? C'était un motif de plus pour le trouver; et je m'y décidai, en dépit de tout obstacle, dussé-je périr de suite sur la place.

J'arrive au pied de l'escalier. Dans ce moment, ma pensée se fixa sur un seul objet, sur l'agent invisible qui m'avait précédemment protégée dans une situation absolument semblable. J'invoquai avec ardeur sa protection, et je me flattai que son silence était une preuve certaine que je n'avais rien à craindre.

Je ne sais si j'aurai la force de continuer cet affreux récit; si, en voulant retracer les horreurs dont je fus témoin, ma main tremblante ne me refusera pas le service, et si je trouverai des expressions pour les peindre ! Qu'attendre, en effet, d'une femme infortunée, qui entreprend de décrire les événemens épouvantables dont elle fut à la fois l'objet et la victime?

Je posais le pied sur la première marche, lorsqu'un léger bruit me fit porter la tête en arrière, pour découvrir ce qui l'avait occasionné. Le cri perçant et terrible qui jadis m'avait tant effrayée, se fit encore entendre, à peu de distance. Les mots : *Arrêtez ! arrêtez !* vinrent de nouveau ébranler mes nerfs ; et s'il avait pu me rester quelques doutes sur la réalité de cet avertissement, le spectacle extraordinaire qui s'offrit à ma vue, les aurait de suite éclaircis.

J'avais laissé ouvert l'appartement que je venais de quitter, dont la porte se trouvait à dix ou douze pieds du bas de l'escalier, qui était fixé contre le mur à travers lequel cette porte était percée ; de sorte que ma vue, en se portant le long de ce mur, ne pouvait qu'apercevoir cette entrée, sans pouvoir pénétrer dans l'intérieur de l'appartement.

Ce fut à travers cette ouverture, que je vis horizontalement lancer et retirer avec une incroyable rapidité, une épouvantable tête, que je dus prendre pour la seule partie découverte d'une forme qui était ordinairement cachée. Chaque muscle de ce visage, qui était tourné vers moi, était violemment tendu. Le front et les sourcils présentaient une extrême contraction ; les lèvres étaient encore ouvertes, comme si elles venaient d'émettre l'effroyable cri que je venais d'entendre, et les yeux paraissaient darder des étincelles, qui, si je n'avais eu de la lumière, auraient éclairé au loin, comme les émanations d'un météore. Ce cri et cette vision se firent entendre et voir au même instant.

Cette figure semblait appartenir à un être dont les facultés surpassaient la nature humaine, et cependant ses traits paraissaient avoir quelque rapport avec d'autres que j'avais déjà vus. Mon imagination était tellement empreinte de l'image de Carwin, qu'elle prêtait peut-être à cette figure une partie de ses traits; mais je repoussai de suite une idée qui s'accordait aussi peu avec la bienveillance que manifestait en ma faveur cet agent mystérieux.

Que cette figure fût ou ne fût pas humaine; que l'avis donné vînt ou ne vînt pas d'elle, cet avis n'en était pas moins de la plus haute importance, et j'en avais déjà éprouvé l'utilité dans une autre circonstance. On m'avertissait encore de ne pas aller plus loin; pouvais-je résister, et être capable de poursuivre ? Je le fus et je dus l'être, puisque ma situation était bien plus désespérée.

Cette voix n'indiquait point la nature du danger; elle ne posait aucune borne précise à ma prudence. Déjà j'avais osé braver l'ordre qu'elle avait intimé, sans qu'il en fût rien résulté de fâcheux; ne pouvais-je pas espérer ici le même résultat, et, puisque j'étais prévenue que par-tout ailleurs que dans la grotte j'étais en sûreté, ne devais-je pas chercher à approfondir un mystère auquel ma destinée semblait être attachée? Cette confiance était fondée, et elle m'entraîna.

Je montai d'un pas ferme; aucun nouvel avis ne vint ébranler ma résolution, et tout était rentré dans le plus profond silence. La porte de ma chambre était fermée; je l'ouvris avec courage, je portai mes regards dans l'intérieur; rien d'extraordinaire ne s'offrit à ma vue. J'avançai avec précaution dans l'appartement. Tout s'y trouvait en place ; il n'y avait aucune lumière, et je ne pouvais concevoir quelle était celle que j'avais aperçue du dehors. Quelle étrange idée se présenta alors ! Je pensai que cette clarté pouvait être une émanation de l'épouvantable figure qui venait de se rendre visible, et de même nature que celle qui accompagna la fin de mon malheureux père.

Je fixai mon cabinet, qui était fermé, et dont la vue me rappela la scène terrible dont il avait été le théâtre. Là, peut-être, je devais trouver la clef de ces étonnans mystères ; là, mon impétueuse curiosité devait être satisfaite. Je ne balançai pas à en ouvrir la porte pour en faire l'examen, lorsque, jetant les yeux sur une table qui était vis-à-vis de moi, j'y aperçois un papier. J'approche, je le saisis, je reconnais la main de Carwin, et je lis ce qui suit :

« Si je ne devais pas me flatter que
» vous vous rendriez à mon invitation,
» au moins ne devais-je pas m'attendre
» à rencontrer ici un autre que vous.
» Je ne vous en accuse pas; je ne vous
» en veux pas; ce qui vient de se pas-
» ser vous justifie pleinement. Je pars,
» après vous avoir vainement attendue:
» il y aurait trop de danger pour moi
» à rester ici plus long-temps. Je vous
» offrirai encore une entrevue, parce
» que vous n'avez, sans doute, pas
» voulu, en manquant à celle-ci, lais-
» ser échapper l'unique moyen qui se
» présentait de terminer vos infor-
» tunes. Je vous en indiquerai le lieu
» et l'époque. En attendant, fuyez....
» Éloignez-vous de cet appartement;
» évitez un spectacle horrible, que vous
» seriez hors d'état de soutenir.... »

Que voulait dire ce billet, qui n'était pas achevé? Quel était celui, autre que Carwin, qui s'était présenté? Que s'était-il donc passé? Pourquoi ce lieu était-il devenu dangereux pour lui, au point de n'oser y reparaître? Qu'avais-je à redouter en examinant mon appartement? Qui avait pu arrêter l'écrivain, et l'empêcher de terminer sa phrase? L'encre était encore humide, la main de Carwin avait à peine abandonné la plume; à peine avait-il quitté le lieu où j'étais, et peut-être y était-il encore. Je me retournai, pour voir s'il n'était pas derrière moi; je ne vis rien. Je cherchai avec avidité le spectacle hideux qui devait s'offrir à moi, et que l'on m'invitait à fuir. Le cabinet s'offrit de nouveau à ma pensée; et c'était là, sans doute, puisque je n'étais pas morte de frayeur, au bas de l'escalier, que toutes mes facultés physiques et morales devaient s'anéantir.

J'ai déjà dit que l'entrée de ce cabinet était placée près du chevet de mon lit, qui était entouré de rideaux.

Je m'aperçus, en approchant, que celui qui était près de la porte se trouvait soulevé. Un pressentiment me fit jeter, en frémissant, un regard sur cette partie du lit. Saisie d'horreur, j'avance la lumière, pour m'assurer que mes yeux ne m'ont pas trompée; je fixe avec plus d'attention, dans l'espoir de voir disparaître l'objet que je crois apercevoir étendu... Vaine espérance ! C'était elle... Je n'ose la nommer...

Dieu! voilà donc le spectacle horrible que Carwin m'avait annoncé, et dont il était sans doute lui-même l'abominable auteur ! Forcé de s'éloigner à la hâte, pour n'être pas surpris par ceux qui seraient venus chercher sa victime, sa lettre n'avait d'autre but que de me faire prendre le change sur l'assassin, afin de réussir à m'attirer dans un autre piége. Voilà donc le sort qui m'était réservé, et qu'un événement inexplicable avait fait tomber sur une autre ! C'était dans ce lieu, que m'attendaient la violence et le meurtre ! Ou l'on s'était trompé, ou Catherine avait été sacrifiée à ma place. Mais, avait-elle épuisé les coups de l'assassin, et pouvais-je espérer d'en être entièrement à l'abri? Il ne devait pas être bien éloigné; il pouvait fondre sur moi, à l'improviste, et venir ajouter une nouvelle victime à celle qui était étendue devant moi. Je tremblais d'horreur, mes genoux ployaient, et mes yeux, alternativement fixés sur la porte de la chambre et sur celle du cabinet, distinguaient à peine les objets, et étaient déjà couverts du voile de la mort.

J'étais arrivée chez moi, décidée à vendre chèrement ma vie et mon honneur; et maintenant un enfant m'aurait fait tomber à ses pieds : mes forces m'avaient totalement abandonnée, et, peu préparée, par l'éducation et l'expérience, à envisager de semblables scènes, la surprise et la crainte avaient anéanti toutes mes facultés.

Je m'approchai du lit; j'osai envisager cette infortunée Catherine, dont les traits angéliques n'avaient pu être totalement effacés par les convulsions et les angoisses d'une mort violente et douloureuse « Ah ! lui dis-je, comme » si elle eût pu m'entendre, quelle » fatalité t'a donc conduite ici? Qui » pourra jamais te remplacer près de » ton époux et de tes enfans? Com- » ment mon frère pourra-t-il suppor- » ter ce terrible événement? Il eût » sans doute été bien affligeant pour » lui, de te perdre par le cours des » événemens ordinaires; mais, te la » voir arrachée par la main d'un as- » sassin, c'est pour lui un malheur » épouvantable. Et qui sait encore si » la rage de ton meurtrier aura été » assouvie par ta destruction ! Peut-

» être fus-tu réduite à lui demander » la mort comme un bienfait ! Et ce- » pendant il n'avait aucun dessein con- » tre toi : ce n'est pas contre toi que » sa vengeance était dirigée ; moi seule » j'en étais l'objet ; et tu péris pour » moi, lorsque tout annonce, qu'atti- » rée ici par tes inquiétudes, tu n'y ve- » nais que pour me sauver ! Mais com- » ment y vins - tu seule ? Pourquoi » Wieland ne t'accompagna-t-il pas, » et ne se trouva-t-il pas près de toi, » pour te défendre et te garantir d'une » semblable catastrophe ? »

Je m'avançai près d'elle ; je pris une de ses mains encore chaudes et flexibles ; je la couvris de baisers et de larmes. Je portai mes lèvres sur ces lèvres décolorées, qui ne s'étaient jamais ouvertes que pour exprimer l'amitié et la bienveillance. Je replaçai ses vête-mens, et, m'asseyant à ses pieds, je la considérai, les mains jointes, et autant que mes yeux obscurcis pouvaient me le permettre.

Là, je méditai sur le plus grand des malheurs. Je sentis que tout espoir de bonheur s'éteignait avec la vie de Catherine; qu'il était à jamais banni de ma famille; que ce mot ne devait plus accompagner le nom de Wieland, et qu'après avoir traîné dans la douleur quelques instans d'une triste existence, nous étions destinés à offrir un monument de la folle présomption des hommes, quand ils comptent saisir et fixer à jamais une inconstante félicité. Pleyel était perdu pour moi, et cependant, tant que ma famille eût été heureuse, la vie aurait pu m'être encore supportable; mais, séparée à jamais de l'amie de mon enfance, de celle qui, jusque-là avait partagé mes plaisirs et mes peines, je ressemblais au malheureux qui, abandonné sur un frêle esquif, au milieu des flots, pendant la tempête, entend mugir autour de lui la redoutable vague qui, en lui arrachant son dernier espoir et en l'ensevelissant dans l'abyme, va fermer devant lui le spectacle affreux de la nature irritée.

CHAPITRE VI.

Je n'avais ni le pouvoir, ni le désir de m'éloigner. Je fus tirée de cet état de stupeur en entendant ouvrir les portes et monter l'escalier. Rappelée à moi-même par ce bruit imprévu, je me levai, je fermai avec soin le rideau du lit, et je me retirai du côté de l'appartement qui faisait face à son entrée, et d'où je pouvais voir venir celui qui allait se présenter. L'instinct de ma conservation agissait seul, et me dirigeait plutôt que les calculs de la prudence, ou ceux d'un raisonnement que j'étais alors bien incapable de faire.

On approche... J'attendais Carwin... On se présente... Au lieu du meurtrier, je reconnais mon frère, dont les traits cependant annonçaient quelque chose d'extraordinaire. Je fus bientôt persuadée qu'il ignorait le sort de sa malheureuse épouse : car jamais je n'avais remarqué sur son visage l'expression d'un bonheur aussi vif; et jamais son front, ordinairement sombre et nébuleux, n'avait rayonné d'une joie plus pure.

Je ne doutai pas du désespoir que la mort de Catherine allait lui causer, et j'avais à craindre que sa raison, qui, depuis quelque temps, était sensiblement altérée, n'en fût totalement bouleversée. Il était peu d'infortunes au-dessus desquelles ses principes n'eussent pu le mettre; mais, dans celle-ci, toute consolation devenait sans effet, et ce spectacle devait le conduire à une aliénation totale, pire cent fois que la mort.

Comment l'instruire de la perte qu'il venait de faire? Mais aussi, comment espérer de la lui cacher? Quel stratagème pouvais-je employer pour prolonger son ignorance, lorsque le corps de son épouse était à deux pas de lui? J'étais certainement hors d'état de m'acquitter d'une tâche aussi pénible que difficile, ni de lui donner des consolations dont, en ce moment, j'avais le plus grand besoin : muette, je versais pour lui des larmes, que j'avais épuisées pour moi-même. Dans cet état d'inertie absolue, je suivais avidement tous ses mouvemens, qui devinrent bientôt de nature à exciter un autre sentiment que celui de la douleur : c'était celui de l'étonnement et de la crainte.

Tout à coup ses traits se décomposèrent; ses mains se joignirent avec une telle force, que j'apercevais dans sa chair l'impression de ses ongles; son regard était fixé à mes pieds; ses veines étaient tellement gonflées, sur-tout vers les tempes, qu'elles paraissaient près de se rompre, et sa respiration étouffée ne s'échappait que par un râle effrayant. Je n'avais jamais observé la tempête des passions humaines : le bonheur m'avait jusque-là constamment environnée ; j'ignorais les désordres affreux dont notre ame peut devenir la proie, et je considérais avec horreur les symptômes effrayans qui se présentaient à mes yeux.

Un funeste pressentiment l'avait-il éclairé sur la mort de Catherine, ou venait-il d'en être instruit au moment même? Après un silence morne, qui présageait de nouveaux malheurs, il leva les yeux au ciel, et s'écria, d'une voix entrecoupée : « Ah ! c'en est trop...
» Toute autre victime que celle-là!...
» Grand dieu ! n'ai-je pas assez prouvé
» ma confiance et ma soumission...
» Celles qui sont tombées tenaient à
» moi par des liens que ta volonté seule
» a pu rompre... As-tu pu vouloir que
» ce chef-d'œuvre de la nature, que
» ce modèle de perfection disparût
» pour jamais, et fût en un moment

» anéanti?... Misérable! qui t'a donné
» le droit de censurer les décrets de
» la Providence? Respecte ses impéné-
» trables desseins. Apprends à te sou-
» mettre, et à obéir en silence! »

Ses actions et ses paroles étaient inexplicables. Tout ce que j'en pouvais conclure, c'est que la mort de Catherine lui était connue, et que cet événement, comme je m'y attendais, avait aliéné sa raison. Quand je considérais l'entière subversion de ces rares qualités, qui avaient fait de mon frère le meilleur des pères, le plus tendre des époux et le plus estimable des citoyens, mon cœur, malgré les violentes émotions qui étaient venues paralyser sa sensibilité, se réveillait par les tourmens de la plus cruelle agonie. A peine eus-je le temps de réfléchir sur ma propre sureté, qui était évidemment compromise, et sur ce que j'avais à redouter de l'égarement d'un insensé, lorsque je vis Wieland s'avancer vers moi. Je ne savais à quoi me résoudre, ni si je devais essayer de fuir, lorsque, heureusement, un bruit lointain de voix confuses se fit entendre. Wieland s'arrêta aussitôt. Peu à peu ce bruit augmenta, et je distinguai facilement les pas de ceux qui s'approchaient de la maison. Déjà ils n'en étaient qu'à peu de distance, lorsque tout à coup mon frère, qui avait paru frappé d'une immobilité soudaine, s'élança vers la porte et disparut comme un éclair.

Tout contribuait à augmenter mon désordre. L'horrible vision, l'effroyable cri, le corps de Catherine, l'état alarmant de Wieland, la part que Carwin devait avoir dans tout ceci, l'arrivée soudaine de tant de monde dans ce lieu, et à cette heure; toutes ces causes réunies tendaient à accélérer en moi un anéantissement moral, et déjà je commençais à ressentir cette apathique indifférence par laquelle se manifeste ordinairement la froide et passive imbécillité.

J'entendis cependant monter l'escalier, et bientôt je crus entrevoir plusieurs figures qui entraient et remplissaient mon appartement. Il me sembla que, quoiqu'on témoignât beaucoup de satisfaction de me trouver sauve, on y cherchait pourtant quelque autre objet que moi. Je ne sus, pendant longtemps, si ces figures, que je distinguais à peine, n'étaient pas de la nature de celle qui s'était montrée au bas de l'escalier, ou si elles n'étaient pas des objets fantastiques créés par le désordre de mon imagination.

Mon œil sec se portait froidement de l'une à l'autre. Il se fixa enfin sur un individu qu'il me semblait avoir déjà vu, et, faisant un dernier effort pour rappeler une mémoire éteinte, je crus reconnaître M. Hallet, cet ami de la famille, ce respectable magistrat qui avait donné à Pleyel des renseignemens sur Carwin, et qui jouissait dans le pays d'une considération méritée par son âge, ses connaissances et ses excellentes qualités.

Il s'approcha, me prit la main, et me dit, à voix basse : « Ma chère Clara, » où est votre frère? Où est Catherine?» Je lui montrai le lit, sans avoir la force de lui répondre. Il s'y rendit avec ceux qui l'accompagnaient. Ils tirèrent les rideaux et reculèrent épouvantés. Leurs yeux se remplirent de larmes, et je fus même ébranlée par leurs sanglots.

Après un moment de silence, il se tourna vers moi : « Ma chère enfant, » me dit-il, ce lieu n'est pas fait pour » vous. Fiez-vous à mes soins et à ceux » de Mad. Baynton, que voici. Repo- » sez-vous sur nous du soin de faire » tout ce qui sera nécessaire dans cette » triste circonstance. Venez, ma chère

» Clara, venez avec votre ami ; j'étais » celui de votre digne mère ; c'est à » moi seul qu'il appartient de consoler » et de secourir son enfant chéri. Rap- » pelez-vous la confiance qu'elle avait » en moi, et avec quelles instances elle » me pria, à ses derniers momens, de » vous servir de père, si un jour vous » en aviez besoin. Je le lui promis, et » voici l'instant de m'acquitter de cette » promesse. »

Un souvenir aussi attendrissant, en réveillant ma sensibilité, me rendit à moi-même. « Ah ! ma mère, m'écriai-je » en fondant en larmes, si vous avez » pu prévoir le sort funeste de votre » enfant, combien vous dûtes mourir » malheureuse, et combien le pressen- » timent de cet avenir dut agraver le » chagrin que vous fit éprouver la fin » terrible de mon père ! Ah ! M. Hal- » let, vous venez trop tard ; ma des- » tinée est comblée ! Vous n'avez plus

» à protéger, ni même à consoler la » fille de votre amie : vous n'avez plus » qu'à pleurer avec elle, pendant le » peu de temps qu'il lui reste encore à » vivre. »

Mad. Baynton, que je reconnus en ce moment, joignit ses instances à celles de M. Hallet; ils se réunirent pour m'entraîner hors de l'appartement; mais je résistai avec opiniâtreté.

» Pourquoi m'emmener ? Si j'ai pu » survivre à tout ce que je viens d'é- » prouver, pourquoi ne serais-je pas » capable de remplir les derniers de- » voirs de l'amitié. Ah! laissez-moi » pleurer sur Catherine. J'ai besoin de » soulager mon cœur, et ce n'est que » près d'elle, que je puis éviter de re- » tomber dans l'état dangereux dont » je viens de sortir. Je veux rester, je » veux lui rendre moi-même les der- » niers devoirs, je veux moi-même voi- » ler ces formes qui firent si long-temps

» l'admiration de tous ceux qui la con-
» nurent ; je veux l'accompagner jus-
» qu'à la tombe, qui, en couvrant ses
» restes inanimés, n'éteindra jamais le
» souvenir des rares qualités que l'on
» vit briller en elle. »

Ebranlée cependant par leurs instances ; réfléchissant à l'état d'abandon dans lequel se trouvaient les enfans de Wieland, que Louisa ne pouvait seule secourir ; me rappelant que mon malheureux frère avait lui-même besoin des plus grands soins, j'annonçai que je consentais à quitter Catherine, pour aller me vouer entièrement à soigner et à consoler ma famille.

A cette déclaration, les larmes et les sanglots des assistans redoublèrent avec une nouvelle force. Ils se regardaient, portaient ensuite les yeux sur moi, et paraissaient éprouver autant d'embarras que d'affliction. Je répétai ma résolution. Je me levai, et, prenant la main de M. Hallet, je me disposais à l'exécuter, lorsque ce digne magistrat, qui m'avait tant pressée de m'éloigner, parut éprouver à son tour de la répugnance à m'accompagner. Étonnée, je lui demandai pourquoi il hésitait; je lui appris que Wieland venait de me quitter; que je connaissais son état; que je savais, qu'incapable de soutenir son infortune, il avait perdu la raison; et j'ajoutai, que tant que j'aurais un souffle d'existence, je ne me reposerais sur personne des soins que la nature et l'amitié me faisaient un devoir de lui rendre, ainsi qu'à ses enfans.

Chaque mot que je proférais semblait accroître leur douleur. Enfin M. Hallet prit la parole : « Je crois avoir, ma » chère Clara, quelques droits à votre » confiance. Vous venez déjà de m'en » donner des preuves; accordez-m'en » une nouvelle, en acquiesçant à ma » demande. Souffrez que Mad. Bayn-

» ton vous conduise chez elle. Abandonnez-nous, pendant quelques » jours, ces soins et ces devoirs. Vous » rentrerez chez votre frère lorsque » vous serez plus tranquille, et vous » serez alors la maîtresse d'agir comme » vous le jugerez convenable. Ne me » refusez pas cette grâce, ma chère » Clara; votre âge, votre sexe, votre » situation m'obligent d'insister, et j'en » serai aussi reconnaissant, que si vous » m'aviez rendu à moi-même un signalé » service.

Étonnée de ce refus opiniâtre, je fixai M. Hallet: « Les enfans, Monsieur, lui dis-je, sont-ils bien?... » Louisa est-elle près d'eux?... Y a-t-il » quelques amis dans la maison?... » Oh! dites-moi la vérité, je vous en » conjure. — Ils sont bien, me répondit-il en hésitant... Ils sont en sûreté. — Ne craignez pas de faiblesse, » Monsieur, lui répliquai-je, dites-

» moi tout... Je puis tout entendre...
» Si vous balancez, je les croirai en
» danger. — Ils sont bien. — Pourquoi
» donc ne puis-je les aller voir, et pleu-
» rer près d'eux? Pourquoi me priver
» de la seule consolation qui me reste?
» Pourquoi m'arracher à un devoir
» que mon cœur réclame? Pourquoi
» ne partagerais-je pas avec vous et
» Mad. Baynton les soins qu'exigent
» ces petits orphelins; et si la voix
» publique pouvait m'absoudre de les
» avoir abandonnés, pourrais-je jamais
» imposer silence à ma conscience? »

Je persistai dans mon dessein; M. Hallet persista dans son refus. Son opiniâtreté réveilla les idées les plus funestes, et ce fut pour les éclaircir, que je lui déclarai que je consentais à me rendre à Philadelphie, pourvu qu'il me fût permis, en passant, d'arrêter un seul instant chez mon frère, pour y embrasser Louisa et les enfans. A cette proposition, on me présenta de nouvelles difficultés, et l'on finit par me dire qu'ils avaient tous été conduits à Philadelphie, où je les trouverais en arrivant. Il n'était plus possible de me tromper; et cette réponse porta mes inquiétudes au comble.

» Pourquoi, leur dis-je, ne m'avez-
» vous pas d'abord annoncé ce départ?
» Pourquoi les a-t-on éloignés de la
» maison paternelle? Ah! vous me ca-
» chez la vérité; mais je ne doute plus
» de leur sort, je sais de quoi Carwin
» est capable... Ils sont, en effet, hors
» de toute atteinte... Ils sont morts!
» — Hélas! oui, répondit M. Hal-
» let, il n'est que trop vrai... Ils ont
» péri par la même main que leur
» mère. — Quoi, tous, m'écriai-je,
» tous! — L'assassin n'en a pas épar-
» gné un seul, et Louisa même n'a pas
» échappé à ses coups! »

Qu'on me permette d'abréger cette

scène douloureuse, dont les détails, au-dessus de mes forces, ont déjà été trop étendus. Cette épouvantable catastrophe me replongea dans l'état dangereux dont je venais de sortir. Il existe ici une lacune dans ma mémoire. Elle ne se remplit que de souvenirs confus, qui se présentent comme des éclairs dans une nuit obscure, et j'ai eu besoin, depuis, du secours de mes amis, pour les classer et pour les mettre en ordre.

Rappelée cependant à moi par les soins de l'amitié, je devins incapable de tout autre sentiment que celui de vouloir jouir de mes peines, et d'en mesurer toute l'étendue. Je voulus impérieusement aller chez Wieland, et il y avait plus de danger à me refuser qu'à consentir. Nous y arrivons; on m'introduit dans un appartement tendu de noir, éclairé par une lampe funèbre suspendue au plafond, et l'on me montre de la main une grande table drapée et couverte. J'approche, je soulève le drap mortuaire, et j'aperçois les corps étendus des quatre petits infortunés entourant celui de ma pauvre Louisa. Je pressai tour-à-tour contre mon sein ces formes méconnaissables ; ils avaient tous péri comme leur mère; tous avaient été étranglés, et je n'aurais pas même reconnu Louisa, si son âge et sa taille ne me l'avaient indiquée. Son teint de lis et de roses, actuellement pâle et livide, portait encore l'empreinte de la main barbare de l'assassin. Cette main avait tout effacé, et je ne trouvai sur aucune de ces figures, une seule place connue où je pusse imprimer un dernier baiser. Je demandai à voir mon frère; on m'assura qu'il était à Philadelphie.

Je consentis à m'y laisser conduire, et j'appris plus tard comment tous ces amis se trouvèrent, au même instant, rassemblés autour de moi. Pleyel, non content de prévenir ma famille de mon retour, voulant s'assurer que je lui serais rendue sans accident, se rappelant combien Wieland, dans l'état où il le savait, était peu capable de me guider et de me protéger, avait de suite été trouver M. Hallet et Mad. Baynton, et les avait engagés à venir auprès de nous. Il leur avait peint avec des couleurs si vives le danger qui nous menaçait, que, craignant de remettre au lendemain des secours qui deviendraient inutiles, ils s'étaient décidés à partir sur-le-champ, à me suivre chez mon frère, à y passer la nuit et à me ramener, ainsi que lui, chez eux, où leurs soins pouvaient rappeler sa raison égarée, et où leurs conseils et leurs remontrances pouvaient me ramener de mes égaremens, et faire renaître dans mon cœur des principes d'honneur et de vertu qui, suivant eux, ne pouvaient y être totalement éteints.

Ils avaient appris, en arrivant chez Wieland, de quelques domestiques, l'assassinat horrible qu'on venait d'y commettre, tandis que ceux-ci étaient occupés à me chercher. Ils n'avaient pu savoir où étaient mon frère et sa femme, ni recevoir aucun renseignement sur l'auteur de ces meurtres; mais, ayant été instruits de mon retour, et que j'étais disparue tout à coup de la maison, ils étaient accourus chez moi, très-alarmés, et y avaient été témoins du complément de cette affreuse journée.

Voilà sous quels auspices défavorables et malheureux j'arrivai sous leur toit hospitalier. J'y étais précédée par une réputation flétrie; j'y étais regardée comme la cause de la perte de tous les miens : mais telles étaient l'indulgence et la bonté de mes nouveaux protecteurs, qu'attendris par les peines que j'avais souffertes, ils crurent que j'avais bien racheté mes fautes; et j'aurais toujours ignoré combien j'étais déchue dans leur opinion, si, par la suite, ils ne m'en avaient fait eux-mêmes l'aveu.

Incapable de résister plus long-temps aux violentes secousses que j'avais éprouvées, je tombai si dangereusement malade, le lendemain de mon arrivée, que l'on eut, pendant long-temps, les plus vives inquiétudes pour ma raison et pour ma vie. Je passai quarante jours dans un délire affreux, pendant lesquels, pour peu que je fusse libre, me soulevant sur mes genoux, et, les bras levés vers le ciel, je le prenais à témoin de la cruauté de Pleyel, de la scélératesse de Carwin, et de la pureté de ma conduite. D'autres fois, croyant voir cet assassin près de moi, je me précipitais aux pieds de mon lit, comme pour le fuir, appelant à grands cris, à mon secours, ceux qui m'entouraient en pleurant, et qui, désabusés par ces témoignages non suspects de mon innocence, se sentirent enfin disposés à me rendre la justice qui m'était due.

On ne comptait plus sur ma vie, lorsqu'une crise violente, et à laquelle j'eus le bonheur de résister, me la sauva. Ma convalescence fut longue et douloureuse; mais, en recouvrant mes forces, je recouvrai, malheureusement, la mémoire, et je ne revins à la vie qu'en éprouvant toutes les angoisses qui avaient pensé me la ravir.

CHAPITRE VII.

Plusieurs mois s'étaient écoulés, et j'étais à peine rétablie, lorsque j'appris l'arrivée dans le pays, de mon oncle maternel. C'était celui qui s'était trouvé, en quelque sorte, témoin de la mort de mon père. Il avait passé quatorze années en Europe, attaché, comme chirurgien-major, à un des régimens de S. M. Britannique, avec lequel il avait fait la guerre. Lié d'amitié avec plusieurs officiers de son corps, natifs de Dublin en Irlande, il s'y était établi dans sa profession, après avoir quitté le service, et y avait acquis une immense fortune. Il nous avait très-exactement écrit pendant son absence; et il avait constamment manifesté le plus vif désir de revenir passer près de nous le reste de ses jours. Il venait d'arriver pour réaliser ce projet, et avait appris, en entrant à Philadelphie, tous les malheurs qui avaient accablé sa famille.

On m'annonça son retour avec beaucoup de ménagemens; je désirai ardemment de le voir, et je le demandai avec instance. Aux motifs ordinaires qui devaient me le faire désirer, s'en joignait un autre bien pressant: j'avais souvent exigé, depuis mon rétablissement, des nouvelles de mon frère, sans en avoir jamais obtenu de satisfaisantes, et lorsque je témoignais mon étonnement de ne l'avoir pas vu pendant tout le cours de ma maladie, je ne recevais que des réponses vagues et insignifiantes; on me donnait à entendre que sa raison était toujours altérée, que son état rendait toute entrevue avec lui impossible, et je n'avais pu même apprendre chez qui il était à

Philadelphie. J'ignorais encore si Carwin avait été arrêté, si l'on en avait fait justice, et, jugeant par les réponses évasives que l'on faisait à mes questions, qu'on s'était concerté pour me tenir sur tout cela dans une profonde ignorance, je m'étais décidée à employer d'autres moyens pour connaître la vérité.

Ce fut à cette époque qu'arriva mon oncle, et j'obtins peu après la permission de le voir. Lorsqu'il entra dans mon appartement, je voulus me jeter à son cou; mais je ne pus que tomber à ses pieds. Je reconnus ces traits, qui, depuis l'enfance, étaient encore gravés dans ma mémoire, mais que l'âge et les chagrins qu'il venait d'éprouver, avaient sensiblement altérés. Il me releva, me reçut dans ses bras, et nous pleurâmes ensemble. Il chercha à entretenir ces larmes salutaires, et à alimenter une douce sensibilité, par des consolations et par des témoignages de tendresse.

Il me dit que, nos malheurs étant portés au dernier période, nous ne pouvions nous attendre qu'à un changement avantageux; qu'il était une mesure d'infortunes et de chagrins que nous devions connaître pendant la vie, et que si la Providence avait voulu qu'elle s'épuisât en si peu de temps, sans permettre que j'en fusse accablée, c'est qu'elle me ménageait, sans doute, quelques dédommagemens; que, quant à lui, il était décidé à vivre et à mourir près de moi, à me tenir lieu de père et d'ami; que si de grandes richesses pouvaient me présenter de grandes consolations par la faculté de faire beaucoup de bien, il l'augmenterait encore en réunissant sa fortune à la mienne, et en m'assurant, dès à présent, la propriété de tout ce qu'il possédait; ce qui me rendrait la femme la plus opulente de la colonie. « Vivez » donc, ma chère Clara, me dit-il,

» vivez pour faire des heureux et pour
» essuyer des larmes. Vous n'avez que
» trop éprouvé tout ce qu'elles coûtent
» à répandre. Nous quitterons, si vous
» le désirez, cette province; nous
» vendrons tous ces biens de famille,
» qui rappelleraient des souvenirs trop
» douloureux; nous les placerons ail-
» leurs, et de la manière qui vous sera
» la plus agréable; nous nous créerons
» des occupations conformes à vos
» goûts; nous emploierons les pauvres
» à des défrichemens et à des amélio-
» rations; et, en arrachant une portion
» de terre à la stérilité, nous sauve-
» rons des malheureux de la misère et
» du vice. »

Digne frère de la meilleure des mères! combien tu connaissais et tu appréciais mon coeur, lorsque tu lui présentas, pour le ranimer et le consoler du bonheur qu'il avait perdu, l'espoir de contribuer à celui des autres! Je le saisis avec avidité. On ne se sent jamais plus disposé à adoucir les peines des malheureux, que lorsqu'on en est soi-même accablé : une félicité non interrompue ne rend que trop souvent insensible et dur. J'osai scruter avec mon oncle, dans toute son étendue, la série d'infortunes qui avait anéanti une partie de ma famille, et, d'événement en événement, j'arrivai à la terrible catastrophe qui avait pensé me coûter la vie.

Je me plaignis alors de l'ignorance où l'on m'avait tenue sur le sort de mon frère; je lui demandai si l'assassin de sa femme et de ses enfans avait été arrêté, et s'il avait reçu le châtiment dû à ses forfaits. « L'assassin, répéta-t-il, » est-ce que vous le connaissez? — » Hélas ! lui répondis-je, je ne le con» nais que trop, puisque je devais être » sa victime. S'il immola Catherine à ma » place, c'est qu'il crut qu'elle m'avait, » ainsi que mon frère, détournée de

» venir au rendez-vous; il fut chez eux, » comptant sans doute m'y rencontrer; » et, implacable dans sa vengeance, » il sacrifia leurs malheureux enfans.— » Vous ne connoissez pas, je le vois, » me dit mon oncle, le criminel qui a » porté ces coups : car alors, vous se- » riez loin de désirer de le voir paraître » sur un échafaud. — Ah ! m'écriai-je, » pouvez-vous penser que ce scélérat » m'inspire en effet le moindre intérêt? » — Je ne vois que trop, ma chère Cla- » ra, que vous vous obstinez à regarder » Carwin comme le meurtrier. — Et » comment pourrais-je ne pas le croire, » et en accuser un autre? » Je lui fis alors le recit de tout ce qui s'était passé entre Carwin et moi; je lui appris tout ce que je savais sur son compte, et les motifs d'après lesquels je me croyais autorisée à avoir cette opinion.

» Quoique Carwin, me dit mon » oncle, soit un grand criminel, et

» qu'il soit poursuivi par le glaive » de la justice, il est certain qu'il n'a » pas été, au moins directement, l'as» sassin des vôtres. Si on eût pu le » saisir, on aurait, sans doute, obtenu » la clef des mystérieux événemens » qui ont causé tant de mal; mais il » s'est échappé, et nous sommes en» core, sur tous ces faits, dans l'obscu» rité la plus profonde.

» — Mais comment, lui dis-je, ne » pas le croire l'auteur de ce nouvel at» tentat, lui, déjà familiarisé avec tous » les genres de crimes? S'il ne l'a pas di» rectement commis, il en a été, au » moins, le provocateur; et M. Hal» let, qui n'a pas négligé les perqui» sitions, a dû certainement obtenir » tous les éclaircissemens nécessaires. » Ah! par grâce, ne me les laissez pas » ignorer. Jamais je ne serai plus en » état qu'aujourd'hui de recevoir ces » affligeans détails, et j'ai payé assez

» cher le droit de connaître la vérité
» entière. »

Ici, mon oncle se leva, et, parcourant à grands pas l'appartement, il parut éprouver beaucoup d'embarras et d'agitation. Enfin, il s'arrêta, et me fixa avec attention, comme pour s'assurer s'il pouvait, sans danger pour moi, s'expliquer plus ouvertement :
» Carwin, s'écria-t-il, a pu être l'ar-
» tisan de ce crime, mais il n'en a cer-
» tainement pas été l'exécuteur... L'as-
» sassin est connu... Il est arrêté.

» — Grand Dieu ! que me dites-
» vous! Quelle autre main que la sienne
» a pu commettre ce forfait ?

» — La plus déplorable démence a
» seule guidé le meurtrier. Arrêté, con-
» vaincu et jugé, il a tout avoué; et il
» est encore, au moment où je vous
» parle, plongé dans un cachot et char-
» gé de fers.

» — Qui donc est-il ? Où a-t-il été

» arrêté ? Comment l'a-t-on découvert ? Comment est-on parvenu à le convaincre ?

» — Il l'a été par son propre aveu, confirmé par le témoignage d'un domestique qui vint trop tard pour sauver les victimes expirantes. La justice était occupée à rédiger les informations, lorsque l'assassin, entrant de son propre mouvement et sans être attendu, proclama son crime, s'en fit honneur, et se remit lui-même dans les mains de ses juges. Traduit, depuis, au tribunal, en présence d'une foule innombrable, qu'un événement aussi extraordinaire avait attirée de toute part, il se défendit lui-même, chercha à justifier son crime, et à s'en faire même un mérite aux yeux de ses juges et du public assemblé. »

Je pressai mon oncle de le nommer; il garda le silence. Je me livrai alors à mille conjectures, sans pouvoir me fixer sur aucune. Je renouvelai mes instances; je demandai si j'avais jamais vu ce criminel, et si une scélératesse froide et désintéressée avait seule armé sa main.

» Clara, me dit mon oncle, après » un moment de réflexion, je ne vous » connaissais que de réputation; mais » je suis maintenant convaincu qu'on » ne vous a pas rendu justice; que, » pure et irréprochable, loin d'avoir » coopéré, même par imprudence, » à tous ces désastres, on n'a pas à » craindre, en vous en dévoilant les » particularités, d'augmenter vos cha- » grins par l'idée que vous auriez pu » en être la cause involontaire. Eh! » quelle autre que Clara, quelle autre » qu'une femme aussi vertueuse, au- » rait eu la force de supporter, sans » mourir, un poids aussi accablant de » chagrins et d'infortunes? Vous vou-

» lez connaître l'assassin, son but et
» ses motifs! Jamais, Clara, vous ne
» l'envisagerez, à moins que, doué
» d'une force plus qu'humaine, il ne
» parvienne à s'échapper et à briser ses
» fers. Ah! ne désirez jamais de le voir:
» car, malgré tout votre courage, vous
» ne pourriez supporter sa vue. Il a
» montré, pendant le cours de la procé-
» dure, l'imposante tranquillité d'une
» conscience sans reproche; je dirai
» plus : il a manifesté l'enthousiasme
» qui accompagne les actions les plus
» héroïques; il a touché ses juges par
» son éloquence, et a laissé toute l'as-
» semblée frappée d'étonnement et
» d'horreur, en entendant justifier un
» crime par tous les argumens qu'on
» employe pour faire valoir les œuvres
» les plus méritoires.

» Il remit, après l'avoir prononcée,
» cette défense extraordinaire sur le
» bureau; et elle a été imprimée avec

» toutes les pièces de cet épouvantable » procès. La voici ; rappelez vos forces » pour la lire ; je vous laisse seule pen- » dant quelques momens. »

L'affreuse vérité vint m'éclairer à l'instant où je reçus ces mémoires. Je les pris, d'une main tremblante ; mon oncle me quitta ; j'ouvris en frémissant, et je lus ce qui suit.

CHAPITRE VIII.

Extrait de la Procédure.

Théodore Wieland, actuellement présent à la barre de ce tribunal, est sommé de faire entendre sa défense, soit par lui-même, soit par le ministère de ceux à qui elle est confiée.

Il se lève, demande, avec calme, qu'on dégage ses mains des fers dont elles sont chargées. On lui accorde sa prière. Libre, il porte en silence un regard tranquille sur l'auditoire nombreux qui l'environne, et dit :

» Je prendrai moi-même ma défense.
» Qu'ai-je besoin d'un secours étran-
» ger? Suis-je dans la nécessité de fein-
» dre, ou d'altérer la vérité? Ne dois-je
» pas, au contraire, la proclamer de-
» vant l'univers; et n'est-ce pas, en la

» présentant toute entière, que je dois » faire triompher, je ne dirai pas mon » innocence, mais les principes qui » m'ont guidé dans l'action la plus » éclatante et la plus digne d'éloge? » Apprenez que, loin d'être criminel, » je n'ai été que l'heureux instrument » dont s'est servi le Très-Haut pour » accomplir sa volonté, et que j'ai mé- » rité sa bienveillance par mon obéis- » sance, mon dévouement, et le sacri- » fice de mes plus tendres affections.

» Pourquoi donc suis-je ici? Pour- » quoi ces fers? Pourquoi cette foule » oisive et curieuse? Humble et mo- » deste, ai-je cherché cette illustra- » tion? Suis-je digne de fixer l'atten- » tion, lorsque je n'ai fait que mon » devoir? Ai-je d'autre mérite que » d'avoir été choisi entre mille, qui » auraient brigué sur moi ce saint » ministère? Et si Dieu a voulu sancti- » fier ma main, qu'est-ce qui me dis-

» tingue d'entre vous, si ce n'est l'hon-
» neur du choix et ma reconnaissance?

» Ah! ne m'enviez pas ma félicité
» et ma gloire; je les ai bien chère-
» ment payées. Cherchez, priez, sol-
» licitez, et, comme moi, vous ob-
» tiendrez, sans doute, cette pré-
» cieuse distinction qui vous conduira
» à recevoir un jour la palme du mar-
» tyre. . . . .

» Je m'appelle Théodore Wieland;
» je suis propriétaire, et natif de Met-
» tinghen, et suffisamment connu de
» mes juges et de tous les habitans de
» la province. Je n'ai rien à vous ap-
» prendre sur mes mœurs, ma con-
» duite et mon caractère. Vous savez
» tous si je fus bon mari, père tendre,
» ami fidelle et zélé citoyen. Et ce-
» pendant je suis traité en criminel,
» je suis accusé d'avoir méchamment
» arraché la vie à ma femme et à mes
» enfans, et de les avoir froidement

» assassinés, dans l'unique intention
» de m'en défaire!

» Reconnaissez-vous là Wieland?
» Oh, non! et votre étonnement sert
» à le justifier. Tous ont péri! tous ont
» expiré sous ma main! Que deman-
» dez-vous de plus? Que me reste-t-il à
» vous apprendre? Sur quoi ai-je à me
» disculper? Qui êtes-vous, pour exiger
» une justification indigne de moi? Ma
» conscience est là, elle me suffit.

» Cependant, si un seul parmi vous,
» éclairé par mon récit, pouvait être
» entraîné à suivre mon exemple; s'il
» pouvait, en se consacrant comme
» moi à l'Eternel, obtenir, à force de
» sacrifices et de privations, la récom-
» pense qu'il réserve à ses élus, pour-
» rais-je refuser ces détails, sans me
» rendre infiniment coupable?

» Mais, je le répète, vous connaissez
» celui qu'on accuse. Sa conduite a été
» jusqu'ici exempte de blâme. Jamais,

» jusqu'à l'instant de leur destruction, » ma femme et mes enfans ne versèrent » une larme que je ne me sois em- » pressé d'essuyer; jamais il ne leur » échappa un soupir, que je n'en aye » cherché la cause, afin de rappeler » sur leurs lèvres le sourire du bon- » heur. J'ai chéri avec une respectueuse » vénération mon malheureux père et » la plus tendre mère; j'ai rempli, » après leur mort, les devoirs d'un bon » frère, à l'égard d'une sœur chérie, » près de laquelle je devais les rempla- » cer. J'ai été probe et fidelle à mes » engagemens, doux et humain envers » les pauvres; j'ai cherché à consoler » les malheureux, et jamais je n'ai » éprouvé de plus vives jouissances, » que lorsque j'ai pu trouver quelque » occasion de leur être utile.

» Je souffre d'être ainsi obligé de » faire retentir les tribunaux de mon » éloge. Dieu m'est témoin que, loin

» d'être vain de ces qualités, je ne les » proclame que pour les mettre en op- » position avec les crimes que l'on me » reproche; Dieu m'est témoin qu'il » n'entre dans cette déclaration aucune » présomption, aucun sentiment de » vanité. Loin de là : j'avoue et je con- » fesse que cette conduite et ces qua- » lités ne suffisent pas à notre salut; » qu'on s'abuserait, en se reposant sur » cette trompeuse espérance; qu'il faut » plus pour se sauver, et qu'on ne peut » l'espérer qu'en m'imitant et en fai- » sant, s'il se peut, davantage.

» Écartez donc ces fers; cessez de » me croire destiné à une mort igno- » minieuse; rendez-moi à la liberté; » laissez-moi accomplir mes hautes des- » tinées. Le ciel m'appelle; il attend » de nouveaux sacrifices; et si vous n'a- » vez pas la force de les offrir, ne vous » rendez pas rebelles à ses décrets, en » retenant ma main.

» Écoutez, et détrompez-vous. J'a-
» vais reçu d'une bienfaisante Providen-
» ce, une femme angélique et quatre
» charmans enfans, qui partageaient
» avec elle toute ma tendresse. Elle
» me les a redemandés; j'ai dû les lui
» rendre. Une intéressante amie, dans
» l'infortune et l'abandon, élevée au
» milieu de nous, comptait au nom-
» bre de ma famille; elle n'a pas dû en
» être séparée : seule, elle eût vécu
» malheureuse; seule, elle les eût cons-
» tamment regrettés; elle a dû les sui-
» vre, et je lui ai rendu un signalé
» service, tout en augmentant le mé-
» rite de mon sacrifice.

» Vous paraissez surpris de m'en-
» tendre ! Pas une voix ne s'élève en
» ma faveur ! Vous ne tombez pas à
» genoux, saisis d'un saint respect !
» Ah ! je vois que vous êtes loin de me
» comprendre. Quoi ! vous avez encore
» besoin d'être convaincus que mon

» cœur était inaccessible à toutes les » passions qui dégradent les hommes ! » Courbez vos fronts dans la pous- » sière : vous n'êtes pas dignes des fa- » veurs célestes ; cachez-vous dans les » plus profondes cavernes ; cessez d'en- » visager le ciel. Vous pourrez les » pleurer, mais vous ne pourrez jamais » expier votre endurcissement et vos » erreurs.

» Eh bien ! persévérez dans votre » aveuglement. Appelez-moi toujours » scélérat et assassin. Traînez-moi à » l'échafaud ; j'y monterai avec em- » pressement, j'y périrai avec gloire ; » ma dernière pensée sera pour m'ap- » plaudir ; et, en offrant ma vie à celui » qui a dirigé mon bras, mon ame ira » recueillir dans son sein la récom- » pense qu'il réserve à ses élus.

» Mais le moment de la grâce n'est » peut-être pas éloigné ; elle attend » toujours le repentir, et c'est pour

» vous préparer à en recevoir les salutaires impressions, que je veux bien » vous apprendre tout ce que j'ai fait, » et quelles furent les impulsions célestes qui dirigèrent ma conduite.

» Dès mon enfance, Dieu a constamment été l'objet de toutes mes affections et de toutes mes espérances. » Je me suis attaché à ne penser qu'à » lui, à n'agir que par lui et pour lui. » Je me suis cru, comme mon père, » destiné à remplir quelque importante mission, et je me suis promis, » en montrant plus d'obéissance, d'éviter le châtiment terrible qui a terminé sa malheureuse existence.]

» Je soupirais après la connaissance » de cette volonté suprême dont je devais être l'instrument. Je la cherchais » avec d'autant plus d'ardeur, que j'étais persuadé que c'était à moi qu'il » était réservé d'exécuter ce que mon » père avait eu la faiblesse de laisser

» imparfait. Je désirais d'autant plus
» d'y parvenir, que j'étais convaincu
» qu'un entier dévouement pouvait
» seul racheter les peines qu'il avait
» encourues dans un autre monde.
» Indicible jouissance, de travailler en
» même temps à ma félicité éternelle
» en terminant les souffrances d'un
» père ! Je te remercie, ô mon Dieu,
» d'y être enfin parvenu.

» J'attendais avec impatience que
» cette volonté daignât se manifester.
» Je voulais être éclairé; je cherchais
» par-tout la lumière; j'allais au-devant
» de ses rayons; je désespérais de l'obtenir,
» lorsque l'Être Suprême, se
» rendant à mes vœux, et voulant, sans
» doute, accoutumer peu à peu mes
» faibles organes à une communication
» directe, commença à me faire
» donner, par des agens invisibles,
» des avis mystérieux.

» Déjà, en empruntant l'organe de

» Catherine, ces agens l'avaient indi-
» quée comme l'être le plus pur, le
» plus parfait, le plus agréable à Dieu;
» et déjà elle se trouvait, par là, dé-
» signée comme la victime qui pou-
» vait un jour lui être offerte.

» Ces premières faveurs n'opérè-
» rent cependant pas d'abord tout l'ef-
» fet qu'une bienveillante Providence
» avait droit d'en attendre. Flottant
» entre la crainte et l'espérance, je
» craignais de rencontrer l'erreur en
» cherchant la vérité, et chaque jour,
» je me rendais coupable par des in-
» certitudes et par des doutes offen-
» sans.

» Le découragement et l'inquiétude
» vinrent me saisir. Je commençais à
» craindre de vivre et de mourir comme
» mon père, et d'accumuler encore le
» poids de mes iniquités sur les siennes.
» Les avis se répétaient; l'indulgence
» du Très-Haut ne se fatiguait pas :

» il savait, sans doute, qu'un jour je » me rendrais digne de lui.

» Je te remercie, ô Dieu de bonté! » de ne m'avoir pas demandé un moin- » dre sacrifice que celui que je t'ai » joyeusement offert. Je te remercie » de n'avoir pas douté de moi. Tu sais » si j'ai balancé un moment; tu sais » si ma paupière fut humectée d'une » seule larme; tu sais si le sourire du » bonheur ne fut pas constamment sur » mon visage, tandis que, par leurs » pleurs et leurs cris, ces chères vic- » times imploraient à genoux grâce et » pitié. Ah! je me suis, en effet, rendu » digne de toi; ouvre ton sein à ton » fidelle serviteur.

» Mais, pour pouvoir juger de l'é- » tendue de mon sacrifice, écoutez- » en tous les détails.

» J'avais passé le jour où ma sœur » revint de Philadelphie, dans la dou- » leur et dans les larmes. Je regardais

» les chagrins que cette sœur chérie » avait éprouvés, comme le commencement du châtiment que ma tiédeur » allait attirer sur ma famille. A genoux, les mains élevées au ciel, je » demandais à Dieu de ne pas m'abandonner; je l'assurais que quelle » que fût sa volonté, je me sentais capable de l'accomplir. Il daigna enfin » m'exaucer !

» Prévenu de l'arrivée de ma sœur, » je l'attendais avec tranquillité, assis » près de Catherine, qui avait couché » ses enfans. Il était tard, et je craignais qu'il ne fût arrivé à cette sœur » chérie, quelque accident sur la route. » J'avais à redouter pour elle les entreprises d'un intrigant, nommé Carwin, que j'avais inconsidérément reçu » chez moi, et qui, depuis, fut signalé » à la justice, comme un grand criminel. Je me décidai à aller avec » Catherine au-devant d'elle, jusqu'à

» l'endroit où le chemin joint celui qui » conduit à son habitation. Arrivé là, » je voulus continuer, en suivant la » route qui mène à Philadelphie; mais » ma femme, qui était indisposée de- » puis quelque temps, préféra m'at- » tendre et s'asseoir sur une souche » qui bordait le chemin. J'allais la quit- » ter, lorsqu'elle crut apercevoir de » loin de la lumière chez Clara. Elle » m'observa que ma sœur avait pu y » descendre, pour prendre quelque » chose avant de venir chez nous, et » elle m'engagea à aller l'y chercher, » tandis qu'elle m'attendrait en cet en- » droit.

» Je me rendis à cette observation, » et je pris le sentier qui conduit à Met- » tinghen. Je fixais attentivement le » point où je savais que la maison de- » vait être placée; mais je n'aperçus » aucune lumière, et, persuadé que » Catherine devait s'être trompée, je

» poursuivis, la tête remplie des ob-
» jets qui m'avaient si vivement oc-
» cupé pendant le jour.

» Entraîné par mon imagination, je
» m'arrêtais, je m'égarais, je perdais
» le sentier, que je retrouvais avec dif-
» ficulté en revenant à moi. J'avançais,
» en pensant aux événemens qui avaient
» troublé la tranquillité de ma famille;
» mais, encore heureux époux et heu-
» reux père, mon cœur battait de re-
» connaissance pour l'auteur de tant
» de biens, tout en appréhendant le
» poids d'une indignation que je crai-
» gnais d'avoir encourue par mon ir-
» résolution et ma faiblesse.

» Je renouvelai, à l'instant, et pour
» m'en garantir, la promesse d'un dé-
» vouement absolu et d'une obéissance
» aveugle. Je me sentis aussitôt un nou-
» vel homme. Mon ame et mes facultés
» parurent s'agrandir et s'étendre, et il
» me sembla que j'étais tout à coup élevé

M 2

» au-dessus de moi-même. Oh, mon
» Dieu! m'écriai-je en portant mes re-
» gards vers le ciel, puissé-je être enfin
» admis en ta présence, et jouir de
» l'ineffable faveur d'une communica-
» tion intime et directe! Puissé-je en-
» tendre de toi-même l'expression de
» ta suprême volonté! Quelle tâche
» n'entreprendrais-je pas, quelles pri-
» vations n'endurerais-je pas pour te
» prouver mon amour! Pourquoi te
» cacher à ma vue? Pourquoi ne serais-
» je pas l'heureux témoin de ta gloire?
» Crains-tu la faiblesse de mes organes?
» Ah! tu prêteras à mes sens étonnés
» la force nécessaire pour t'envisager
» sans mourir.

» J'étais dans ces dispositions en ar-
» rivant chez ma sœur. Je ne vis de
» lumière dans aucun appartement:
» tout était fermé. Je gagnai le derrière
» de la maison, pour m'assurer, avant
» que de retourner sur mes pas, si la

» porte du jardin l'était également : je » la trouvai ouverte ! Qui pouvait l'a- » voir laissée ainsi ? Que devais-je » croire ? Catherine ne s'était donc pas » trompée, en croyant apercevoir de » la lumière? Quelqu'un devait s'être » introduit, et je devais m'en assurer. » J'entre, j'écoute ; le silence régnait » par-tout. J'avance avec circonspec- » tion, je visite tout le bas de la mai- » son, je ne trouve personne. Je pour- » suis, je monte, j'arrive à l'apparte- » ment de ma sœur ; je le parcours ; » même silence, même tranquillité. » Je ne pouvais me rendre compte » pourquoi cette porte du jardin était » restée ouverte ; je réfléchissais sur » cette circonstance, et j'allais descen- » dre pour quitter la maison et aller » rejoindre Catherine.

» L'obscurité m'obligeait à beau- » coup de précaution. Je cherchais la » rampe de l'escalier et j'étendais la

» main pour la saisir, lorsqu'à l'ins-
» tant mes yeux furent frappés par une
» clarté aussi vive qu'éblouissante. Le
» vestibule en bas rayonna tout à
» coup d'un éclat que je ne pus sup-
» porter, et qui m'obligea d'abord de
» fermer les yeux et de les couvrir de
» la main. Frappé de crainte et d'é-
» tonnement, mon sang s'était arrêté ;
» l'effusion de cette lumière céleste ne
» faisant que s'accroître, s'étendit
» comme un torrent et me couvrit
» bientôt de toute part. Ah ! pensai-je,
» voici donc le moment que j'ai tant
» désiré, le moment du bonheur !

» Trouverai-je des expressions pour
» peindre le ravissant spectacle qui
» s'offrit alors à mes yeux? Au milieu
» d'une gloire resplendissante, et que
» je pouvais à peine fixer, j'aperçus
» un visage lumineux, majestueux et
» sévère, couvert d'un voile azuré qui,
» jeté sur le côté, n'en laissait aper-

» cevoir qu'une partie. Une influence
» céleste se répandit autour de moi,
» les parfums les plus exquis vinrent
» frapper mon odorat, et, au même
» instant, j'entendis une voix douce
» et mélodieuse :

» Tes prières sont exaucées, tes
» vœux sont remplis. Tu peux être
» éternellement heureux. Prépare-toi
» au sacrifice de toutes tes affections
» terrestres. Hâte-toi de rompre les
» liens qui t'attachent à un monde cor-
» rompu. Sois digne de moi, et prouve-
» moi en effet ton dévouement et ton
» obéissance. Amène ici, à l'instant,
» une personne qui t'est bien chère...

» Un coup violent se fit entendre.
» La voix cessa, le visage disparut, la
» clarté s'évanouit ; je me retrouvai
» dans les plus épaisses ténèbres, et
» il ne me resta de cette vision que
» l'odeur délicieuse qui avait embau-
» mé l'air.

» Lorsque j'eus repris mes esprits, » je regrettai de n'avoir pu entendre » jusqu'à la fin, l'ordre qu'on avait » commencé à m'intimer, et d'avoir » été, par cette brusque interrup- » tion, privé du bonheur ineffable » après lequel je soupirais depuis si » long-temps. Quel était le téméraire » qui avait osé interrompre cette pré- » cieuse communication?... Malheur » à lui !

» Je descends avec difficulté; je » trouve la porte; je sors; je parcours » les environs, pénétré d'une sainte in- » dignation; et, vers le milieu du jar- » din, j'aperçois Catherine qui s'éloi- » gnait à grands pas. —

» Qui a frappé, lui dis-je avec co- » lère ?—C'est moi, me répondit-elle, » qui voulais savoir si vous étiez dans » la maison. Je vous croyais parti, et » je retournais près de mes enfans. » — C'est vous qui avez frappé ! m'é-

» criai-je... C'est vous !... Ah ! je
» suis maintenant éclairé sur mes de-
» voirs...--Qu'avez-vous, me dit-elle,
» vous paraissez violemment agité.
» Avez-vous vu quelqu'un dans la mai-
» son? — Oh ! oui, lui répondis-je,
» j'ai vu... j'ai entendu... je sais ce
» qu'il me reste à faire... Attendez-
» moi, j'ai besoin de recueillir mes
» idées, j'ai besoin de rassembler mes
» *forces*. —

» Je m'éloignai un peu. Je me mis
» à réfléchir sur ce qui venait de se
» passer. Je me ressouvins que tou-
» jours la voix mystérieuse, en em-
» pruntant l'organe de Catherine,
» avait marqué sa destinée. L'Être
» Suprême venait de la désigner d'une
» manière précise, et c'était au même
» moment que, frappant un grand
» coup, elle venait s'offrir elle-même
» comme la victime annoncée ! J'avais
» été prévenu de me préparer aux plus

» grands sacrifices, de rompre tous
» les liens qui m'attachaient au monde.
» Le sacrificateur et la victime étaient
» bien clairement indiqués, et je me
» décidai à accomplir les décrets de
» l'Éternel.

» Je me rapprochai d'elle; elle pleu-
» rait; je lui en demandai la cause.
» — Ah! me dit-elle, je pleure sur
» vous; votre état, votre agitation
» m'inquiètent. Croyez-moi, mon ami,
» retournons chez nous : mes soins
» et mes attentions pourront vous y
» rendre la tranquillité.

» Je la saisis avec force : — Venez, lui
» dis-je... les momens sont précieux...
» l'ordre que j'ai reçu doit être exé-
» cuté... ne résistez pas... ne faites au-
» cune question... suivez-moi... — J'es-
» sayai de l'entraîner; ses inquiétudes
» augmentèrent... — Qu'est il donc ar-
» rivé, mon ami, me demanda-t-elle;
» où voulez-vous me conduire? —

» Le son de sa voix, qui avait tou-
» jours agi si puissamment sur mon
» cœur, m'énervait et m'ôtait toute
» ma fermeté. J'eus besoin de faire de
» grands efforts pour la rappeler, et
» me rendre capable d'un aussi terrible
» sacrifice; je sentais le danger du
» moindre délai, et cette idée me ren-
» dit tout mon courage.

» J'employai la force pour la con-
» traindre à me suivre : — Vous vien-
» drez à l'instant avec moi, m'écriai-
» je : je le veux.

» — Grand Dieu, me dit-elle, où
» voulez-vous que j'aille? Quel est
» votre dessein? Avez-vous vu Clara?

» — Venez, lui dis-je, venez, vous
» le saurez.

» — Est-elle malade? s'écria-t-elle;
» lui est-il arrivé quelque malheur?
» Pour Dieu, calmez mes alarmes! —

» Malgré sa résistance, je l'entraî-
» nais, et nous avancions toujours.

» Elle continuait ses questions ; je n'o-
» sais lui répondre ; et ce ne fut qu'avec
» la plus grande difficulté, que je par-
» vins à maintenir dans tout mon être
» un désordre tumultueux, qui en
» écarta toute autre idée que celle que
» je voulais conserver, et qui me ren-
» dit insensible à sa voix. J'abrégeai
» ce délai en précipitant ma course,
» et ce fut avec une peine infinie que
» j'arrivai à la porte de la maison.
» Nous la touchons ; elle lève les yeux
» et la regarde attentivement : — Pour-
» quoi voulez-vous entrer là ?... Vous
» en sortez... Il n'y a personne... Non,
» mon ami, je n'y entrerai pas. —

» Toujours muet, je la contrains
» d'entrer ; je ferme la porte, je la vé-
» rouille, malgré ses efforts. La victime
» était donc arrivée sur le lieu où elle
» devait tomber ! Je la laisse aller ; et,
» appuyant avec violence mes mains
» contre mon front, je fais de nou-

» veaux efforts pour me monter la tête
» vers la partie terrible de la mission
» qui me restait à accomplir. Je n'y
» pus parvenir : mon courage était
» anéanti, mon bras était paralysé.
» J'implorai le secours du ciel; mes
» prières furent sans effet.

» Saisi d'effroi, en réfléchissant à
» mon impardonnable faiblesse, je fus
» rappelé à moi par la voix de Cathe-
» rine qui renouvela ses instances pour
» savoir pourquoi nous étions entrés,
» et ce qui était arrivé à Clara. Que
» pouvais-je répondre? Mes phrases,
» vides de sens, étaient sans liaison,
» et je ne rendais que des sons inarti-
» culés. Ses craintes acquirent une
» nouvelle force; mais ce n'était pas
» sur elle que portaient ses inquié-
» tudes, c'était sur moi, c'était sur ma
» sœur, à qui elle supposait qu'il devait
» être arrivé quelque chose de fâcheux.

» Elle me saisit fortement la main :

» Ah ! s'écria-t-elle, dans une espèce
» d'agonie, ah ! dites-moi où elle est,
» ce qu'elle est devenue, ce qui lui est
» arrivé ? Est-elle dans son apparte-
» ment? Ah ! par grâce, laissez-moi
» monter, je suis en état de tout voir,
» de tout apprendre. —

» A cette proposion, je sentis mes
» premières résolutions se raffermir,
» et j'espérai que mon cœur rebelle
» obtiendrait ailleurs le courage d'exé-
» cuter ce qu'il avait la faiblesse de re-
» fuser en cet endroit. —

» Eh bien ! j'y consens, lui dis-je,
» montons. — L'obscurité me fait peur,
» me dit-elle; tâchons, avant tout, mon
» ami, d'avoir de la lumière. — Hâtez-
» vous donc, lui répondis-je, de vous
» en procurer : je vous attends. —

» Elle entra, d'un pas chancelant,
» dans un cabinet où il y avait tout ce
» qui était nécessaire pour en obtenir.
» En l'attendant, je parcourais à grands

» pas le vestibule. La tempête la plus » terrible est une faible image du dé» sordre affreux qui régnait dans mon » ame. Je me décidai. Plus d'alterna» tive; ma volonté était forte... Et ce» pendant, le bras paralysé du sacrifi» cateur refusait encore de s'appesantir » sur la victime.

» Elle parut enfin, portant elle» même la lumière qui devait éclairer » le sacrifice. J'évitai de la regarder et » de lui parler; je lui fis signe d'ob» server le silence : je craignais d'en» tendre le son d'une voix dont le » charme et la douceur me privaient » aussi-tôt de la fermeté dont j'avais » besoin pour agir.

» Nous montâmes dans la chambre; » elle posa cette lumière sur une table, » elle regarda autour d'elle, fut sou» lever le rideau du lit, et parut éton» née de ne rencontrer personne. Elle » me fixa, et la clarté lui permit enfin

» de lire sur mon visage ce qu'elle n'y » avait pu encore observer : ses craintes » alors changèrent d'objet et se por- » tèrent toutes sur moi. —

» Wieland !... mon ami !... me dit- » elle d'une voix tremblante, vous » n'êtes pas bien .... Que puis-je faire » pour vous... Quittons cette maison... » Venez avec votre Catherine. —

» Je la regardai malgré moi, et sa » vue me désarma. Je me couvris les » yeux pour ne plus la voir; je ne lui » répondais que par de sourds gémis- » semens : elle me prit la main; cette » main qui allait l'immoler, elle la » pressa contre ses lèvres, elle la porta » sur son cœur, que je sentis battre » avec violence. —

» Mon ami... mon tendre ami... » ah ! dites-moi la cause de vos pei- » nes... ne mérité-je plus de les par- » tager... ne suis-je plus votre Cathe- » rine ? —

» C'en était trop : je m'arrachai de » ses bras et me sauvai à l'extrémité » de l'appartement. Ce mouvement, » en m'éloignant, me rendit mon cou- » rage ; je résolus d'en profiter pour » accomplir mon devoir, et dès ce » moment son sort fut décidé.

» Je levai la tête, et, pour la pre- » mière fois, je parvins à la fixer sans » faiblesse. Je laissai échapper quel- » ques mots sans suite ; elle m'enten- » dit parler de *mort*, de *sacrifice*, » d'un devoir sacré à remplir. Elle » quitta ma main, s'éloigna un peu, » jeta sur moi un regard douloureux ; » des larmes lui échappèrent ; elle joi- » gnit les mains avec désespoir, et » s'écria : Ah ! Wieland, puissé-je » me tromper... Funestes pressenti- » mens !... Grands dieux ! vous êtes » perdu pour moi et pour vos enfans !

» Elle me fixa avec anxiété, dans » l'espoir de retrouver dans mes traits

» un rayon d'espérance.— Non, non, » m'écriai-je avec véhémence, ne vous » flattez pas !... rien ne peut changer » ma résolution... Catherine ! vous » n'êtes plus à moi, vous appartenez » à Dieu qui vous réclame... L'arrêt » est prononcé... je ne puis le sus- » pendre... il faut mourir !

» —Que dites-vous, mon ami, s'é- » cria-t-elle avec terreur... pourquoi » parler de la mort ?... revenez à vous. » Ah ! Wieland, rappelez votre rai- » son égarée... écoutez la voix de » votre amie... Pourquoi suis-je ve- » nue ici... pourquoi m'y avez-vous » entraînée ?

» — Vous y êtes conduite pour ac- » complir la volonté du ciel... vous » êtes la victime qu'il demande... je la » lui rendrai... résignez-vous... il faut » mourir !...

» Je la saisis d'un bras vigoureux ; elle » chercha en vain à m'échapper, et,

» n'y pouvant parvenir, elle tomba à
» mes genoux en fondant en larmes.
» — Ah! Wieland, s'écria-t-elle,
» vous ne pouvez vouloir la mort de
» votre Catherine; de celle qui n'a
» cessé de vous prodiguer des preuves
» du plus tendre attachement; dont ja-
» mais vous n'avez eu à vous plaindre;
» qui ne s'est constamment occupée
» que de votre bonheur; qui n'a vécu,
» qui ne veut exister que pour vous...
» Ne ravissez pas une tendre mère à
» vos malheureux enfans... Ne souillez
» pas vos mains d'un meurtre qui
» leur ferait méconnaître un père...
» Ah! ce n'est pas pour moi que j'im-
» plore... Ce n'est pas pour sauver une
» vie que je vous ai consacrée et que
» je donnerais pour vous; c'est pour
» vous épargner un crime, c'est pour
» vous épargner des remords!... Mon
» ami... Mon époux... Ah! je ne vous
» reconnais plus... Une horrible fureur

» s'empare de vous... Grâce!..Grâce!..
» Grâ...ce!...

» Tant qu'elle en eut le pouvoir,
» elle demanda la vie, elle implora
» ma pitié, elle me prouva son amour.
» Quand elle cessa d'articuler, ses
» yeux exprimaient encore ce qu'elle
» ne pouvait dire, et dans son dernier
» regard je distinguais encore qu'elle
» chérissait son bourreau et qu'elle lui
» pardonnait sa mort.

» Hélas! j'aurais voulu pouvoir abré-
» ger tes souffrances! Trois fois ma
» main tremblante rappela, en faiblis-
» sant, un dernier souffle, et trois fois
» elle te rendit à la vie. Horrible spec-
» tacle! Je vis ces yeux charmans,
» où se peignait tant d'amour, sortir
» éteints de leur orbite; je vis ce visage
» céleste hideusement défiguré... Tout
» portait l'empreinte de l'affreuse ago-
» nie que je t'avais fait souffrir! Je pou-
» vais te l'épargner; mais je me serais

» cru coupable en versant ton sang;
» je me serais cru souillé en y trem-
» pant mes mains : la victime ensan-
» glantée n'eût pas été pure, n'eût pas été
» digne d'être offerte, et mon sacrifice,
» au lieu d'être utile, aurait tourné
» contre moi. Je devais, sans doute,
» t'immoler; mais je ne devais pas, par
» ma faiblesse, prolonger ainsi tes souf-
» frances. Dieu me le pardonnera; et
» plus les combats que j'ai eus à sou-
» tenir furent longs et pénibles, plus
» la victoire est éclatante, et plus ce
» sacrifice doit avoir de prix à ses yeux.

» Je soulevai ce corps inanimé, et le
» plaçai sur le lit. Je le contemplais
» avec délices! Catherine ne souffrait
» plus : elle était heureuse. Du haut des
» cieux, elle partageait mon triomphe;
» j'avais avancé pour elle l'époque des
» jouissances célestes auxquelles ses
» vertus lui donnaient des droits.
» Quelles obligations ne m'avait-elle

» pas; tandis que j'étais condamné à » végéter encore sur la terre, en at- » tendant la récompense que j'avais » méritée! Mais Dieu est juste: il a sans » doute voulu, avant que de m'appeler » à lui, vous offrir un grand exemple; » je ne tarderai pas à aller rejoindre » ma famille, et à partager éternelle- » ment ses brillantes destinées.

» Saisi d'un ravissement inexpri- » mable, et qui, je me le rappelle, se » manifestait par un rire convulsif, je » me jetai à genoux, les mains jointes, » et je portai mes regards vers le ciel. » Pendant un instant, je me sentis éle- » vé au-dessus de la condition hu- » maine, et, rougissant de la lâcheté et » de l'indécision que j'avais montrées, » je résolus de les expier par de nou- » veaux sacrifices. —

» Pardonne, ô mon Dieu! m'é- » criai-je, pardonne un reste de fai- » blesse que je ne tarderai pas à effa-

» cer! Tu m'inspires de nouveau... Tu
» m'as prescrit de me détacher de tout
» ce que j'ai de plus cher; tu m'as or-
» donné de rompre tous les liens qui
» m'attachent à un monde périssable...
» Eh bien! c'est peu de t'avoir rendu
» une épouse, je veux encore te rendre
» mes enfans; et, seul et isolé sur la
» terre, je serai tout à toi, jusqu'au
» moment où il te plaira de me réunir
» à eux en m'appelant dans ton sein.

» Sublime projet! Étonnante con-
» ception, qui électrisa mon ame! Je
» me décidai à l'accomplir. Je ne lui
» donnai pas le temps de s'affaiblir, et,
» craignant de manquer de forces en
» différant sa prompte exécution, je
» m'éloigne, je descends, je sors, je
» vole chez moi. La maison était en-
» core ouverte, je la trouve déserte,
» je n'y rencontre personne. Je monte,
» j'aperçois mes enfans et Louisa ense-
» velis dans le plus profond sommeil.

» Aucun obstacle ne s'opposait à mes » projets, et la Providence favorisait » évidemment mes desseins. Je la re- » merciai de ce qu'il lui avait plu de » ménager ma faiblesse en m'épar- » gnant le spectacle de leurs com- » bats et de leurs larmes, et en leur » évitant les approches horribles de » leur destruction. Louisa passa, sans » revenir à elle, du repos à un som- » meil éternel. J'entre dans l'apparte- » ment de mes enfans; même succès; » je les étouffe successivement, comme » leur mère, sans qu'ils aient pu jeter » un cri, ni émettre un soupir, sans » qu'ils aient pu même savoir qu'ils pé- » rissaient de la main d'un père. Tous » étaient expirés; j'aurais voulu les » rendre à la vie, pour pouvoir la leur » ôter encore! Je regrettais d'être ar- » rivé au terme que j'avais ambition- » né, et mes yeux cherchaient avec » avidité de nouvelles victimes. Dieu

» m'avait protégé dans l'accomplisse-
» ment de cette partie de mes sacri-
» fices, et, en m'accordant un courage
» au-dessus des forces humaines, il
» m'avait déjà récompensé des com-
» bats dont j'avais eu tant de peine à
» sortir victorieux. Satisfait de mon
» zèle, il m'éclaire, il m'inspire : il
» me restait une sœur... elle devait
» suivre le sort de ma famille ; je de-
» vais, de tous ceux qui en faisaient
» partie, rester seul sur la terre.

» J'apprends, d'un domestique qui se
» présente à l'instant où je sortais, que
» cette sœur est arrivée, qu'elle est
» chez elle. Je lui montre mes vic-
» times, je lui annonce, pour préve-
» nir toute erreur, qu'elles ont péri
» de ma main. Je me précipite hors de
» la maison, et je cours chez Clara,
» dans l'espoir de la réunir aux siens.

» J'aperçois de loin de la lumière ;
» je n'y en avais pas laissé. — La main

» de Dieu, m'écriai-je, est évidem-
» ment marquée ici. En conduisant
» Clara dans ce lieu, il facilite l'exécu-
» tion de sa volonté. — Je me hâte,
» j'arrive, je monte avec empresse-
» ment, j'entre dans l'appartement,
» et j'y trouve en effet ma sœur.

» Je cherchai à lire dans ses regards;
» je lui vis répandre des larmes. Elle
» avait vu le corps de Catherine, elle
» pleurait sur son sort. Le spectacle
» de sa douleur ébranla ma résolution;
» mais cette indécision ne dura qu'un
» instant, et je redevins tout à coup ce
» que j'avais été. Je connaissais son
» courage et sa résolution, je savais à
» quels combats, à quelle résistance je
» devais m'attendre, et que, loin de se
» résigner, elle n'épargnerait rien pour
» m'échapper et pour se soustraire à
» son sort. N'importe; comptant sur
» des moyens et des forces surnatu-
» relles, je m'avançais, fermement

» résolu de lui donner la mort. Soudain j'entends du bruit... J'écoute attentivement; je m'assure que plusieurs personnes s'approchaient de la maison, et qu'elles y allaient entrer. Contraint, par cette interruption, de renvoyer l'exécution de mon projet à un moment plus favorable, je me hâtai de sortir et de m'éloigner.

» Je me cachai dans les bois; j'y passai deux jours dans un état de félicité inexprimable. J'appris, en me rapprochant de Philadelphie, que Clara, qui y avait été conduite par nos amis, était devenue inaccessible à toutes mes tentatives; que, d'après la déclaration du domestique à qui j'avais annoncé que j'étais l'auteur de la mort de ma femme et de mes enfans, on me cherchait par-tout; qu'il me serait impossible d'approcher de ma sœur,

» ni même d'entrer à Philadelphie sans » y être reconnu, arrêté et traité en » criminel. Cette idée me fit frémir, » et, pour éviter qu'on ne donnât à ma » conduite une interprétation inju- » rieuse, et autre que celle qu'elle mé- » ritait, je rentrai publiquement en » ville, annonçant à tous ceux que je » rencontrais, que je venais, de mon » propre mouvement, me constituer » prisonnier, en les invitant à m'ac- » compagner et à me suivre.

» Je parus devant vous; vous étiez » occupés à informer l'affaire. Vous me » chargeâtes de fers, comme si vous » aviez eu à craindre l'évasion d'un » homme qui venait se livrer lui-même! » Vous instruisîtes mon procès, com- » me si j'avais été un vil assassin, en » obéissant à Dieu, en assurant la fé- » licité des miens, en travaillant à ob- » tenir une gloire éternelle; et vous » m'avez fait conduire devant vous,

» pour écouter ma défense, et pour
» prononcer sur mon sort.

» Eh bien ! qu'attendez-vous ? Vous
» venez de l'entendre. Prononcez ; je
» n'ai plus rien à dire. Il ne m'est pas
» permis de demander la mort ; mais
» si, par une fatale erreur, vous me la
» donnez, en vous plaignant, je la re-
» garderai comme un bienfait, puis-
» qu'en me plongeant dans l'éternité,
» vous aurez accéléré l'époque de mon
» bonheur, la récompense de mon dé-
» vouement et de mes sacrifices, et
» que l'échafaud va devenir pour moi
» le théâtre d'une gloire impéris-
» sable. »

Le criminel ayant cessé de parler, et les juges ayant été aux opinions, il fut reconnu *coupable*, à l'unanimité ; et, la question d'usage ayant été faite au condamné, s'il avait quelque raison à alléguer pour éviter que la sentence ne fût prononcée contre lui, il répondit :

» Ne viens-je pas de vous déclarer » que je ne craignais pas la mort? » Vous m'avez reconnu coupable! » Vous avez osé élever votre jugement » contre les décrets de la Providence! » Vous n'avez pas craint de leur op» poser votre faible raison et vos trom» peuses connaissances! Hommes » aveugles et présomptueux! quel re» pentir vous vous apprêtez! Si, loin » d'apprécier la pureté de mes mo» tifs, vous croyez que mon bras ne » fut pas guidé par le ciel; si vous » n'êtes pas persuadés que je lui devais » obéissance; si vous pensez que je ne » fus dirigé que par la fureur, la ja» lousie ou toute autre passion vile, » frappez; je ne murmurerai pas. J'ai » peut-être besoin de cette dernière » épreuve. Je ne vous demande qu'une » grâce : écartez ces fers; qu'ils cessent » de meurtrir des mains qui ont été » sanctifiées par le plus respectable

» ministère. Craignez-vous que je ne » m'échappe? Rappelez-vous que je » suis ici de ma propre volonté. Toute » violence est inutile. Frappez... Je » saurai mourir. »

Le prisonnier ayant cessé de parler, la sentence de mort fut prononcée, et il fut reconduit dans sa prison, au milieu d'une foule silencieuse et consternée, sur laquelle il promenait avec calme le regard dédaigneux de l'innocence persécutée.

CHAPITRE IX.

On sera sans doute étonné que j'aye pu poursuivre et soutenir cette lecture. Je dus ce courage à l'espèce d'engourdissement dans lequel m'avaient jetée les violentes secousses que j'avais éprouvées. Nous ignorons tous l'étendue des peines que nous sommes en état de souffrir, jusqu'à ce que nous en ayons fait la triste expérience. L'homme n'est jamais plus grand que dans l'adversité : il ne faut pas d'héroïsme pour supporter le bonheur.

Catherine, ses enfans, Louisa avaient péri. Leur destruction était le résultat de la plus cruelle démence, et rappelait la froide atrocité des meurtres que commettaient souvent les sauvages, lorsqu'ils parvenaient à surprendre, pendant la nuit, ces malheureux colons, qui, à leur arrivée, étaient dans la nécessité de former des établissemens dans leur voisinage.

Et qui avait commis ces meurtres? C'était Wieland, c'était mon frère, le meilleur des époux, le plus tendre des pères! C'était, comme il le disait lui-même, l'homme le plus doux, le plus humain, le plus compatissant! Quelle déplorable fatalité avait dirigé ses coups! A combien peu il avait tenu, que ces malheureuses victimes eussent été sauvées! A combien peu il avait tenu que j'en eusse moi-même augmenté le nombre! J'aurais voulu me persuader que cette catastrophe n'était qu'un songe; mais le retour de mon oncle, ses entrevues avec moi, ses consolations et ses ménagemens pour adoucir ce coup, ne m'avaient que trop convaincue de la réalité.

En rapprochant toutes les circonstances dont ce mémoire venait de m'instruire, il était probable que la lumière que Catherine avait aperçue de loin, chez moi, était celle qu'y avait allumée Carwin pour me recevoir; qu'il s'était introduit dans l'intérieur, je ne sais comment; qu'ayant entendu venir Wieland, il avait, sans doute, éteint cette lumière, pour s'assurer, avant tout, si c'était moi ou un autre; qu'ayant aperçu mon frère, il était resté caché en attendant qu'il se fût retiré; que ce fut alors que Wieland immola sa malheureuse épouse, et, qu'emporté par sa fureur, il se hâta, en franchissant le trajet, à vol d'oiseau, de courir chez lui pour y sacrifier ses enfans, tandis qu'après m'être évadée, je me rendais chez moi par le chemin ordinaire; ce qui était cause que je ne l'avais pas rencontré. Il était probable encore que Carwin, après le départ de Wieland, s'était de nouveau procuré de la lumière; qu'il avait visité la maison;

qu'ayant vu le corps mutilé de la pauvre Catherine, il s'était empressé de tracer avec précipitation quelques lignes pour me prémunir contre ce terrible spectacle, et qu'il s'était ensuite éloigné à la hâte, persuadé qu'on ne tarderait pas à accourir sur ce théâtre de désolation. Enfin, il était vraisemblable qu'au moment où j'y arrivais, les domestiques, en cherchant leur maître, pour lui apprendre mon arrivée, avaient laissé la maison ouverte et abandonnée; que Wieland, y étant entré en ce moment, n'avait rencontré aucun obstacle à l'accomplissement de ses affreux desseins; et qu'instruit de mon retour par le domestique qui survint, trop tard pour lui arracher ses victimes, il était accouru de nouveau à Mettinghen pour me sacrifier, lorsque mes amis, épouvantés par la mort de Louisa et des enfans, s'étaient rendus de suite chez moi, pour sauver Catherine, s'il en était temps encore, et pour me sauver moi-même du sort qui m'était destiné. Je le répète : quel affreux concours de circonstances malheureuses, et que de chances fatales durent se combiner pour nous plonger dans l'abyme !

Ce ne fut pas alors que je pus faire ces réflexions. J'avais à peine terminé cette épouvantable lecture, que le mémoire me tomba des mains, et que sa vue me fit horreur. Je voulus appeler, ma langue resta muette; je voulus fuir, mes jambes s'y refusèrent; toutes mes fonctions se trouvèrent suspendues; je m'évanouis, et je tombai comme une masse. J'appris, depuis, qu'au bruit de ma chute, mon oncle s'était empressé de monter avec les gens de la maison, et de m'administrer les secours dont j'avais le plus pressant besoin. Il était près de moi, lorsque, long-temps après, j'ouvris les yeux. Il se repentait d'avoir aussi mal calculé mes forces, et se reprochait le danger auquel cette rechute allait m'exposer. Elle fut longue et douloureuse; elle prit le caractère le plus dangereux, et peu s'en fallut que ma raison ne s'éteignît entièrement.

Je ne m'appesantirai pas sur ces détails pénibles. Le temps et de grands soins me sauvèrent, et je sentis que, contre mon vœu, j'étais encore condamnée à vivre. Ce ne fut que long-temps après, et lorsque j'entrai en convalescence, que j'osai questionner de nouveau mon oncle, qui ne me perdoit pas de vue. L'expérience du passé le rendait très-circonspect; il ne m'avait rien dit de l'exécution de l'infortuné Wieland; et, quoique je n'en pusse douter, je voulais cependant, tout en la craignant, en acquérir la certitude. Mais, toutes mes instances pour l'obtenir furent long-temps sans succès. Il ne me répondait que par des défaites, ou il gardait le silence le plus absolu.

Enfin, un soir, que je le pressais vivement et que je m'aperçus qu'il était ébranlé : « Ne craignez plus rien, mon » cher oncle, lui dis-je, pour ma santé » ou pour ma raison. Je suis désormais à l'abri de tout danger. Je n'ai » qu'une seule question à vous faire, » et je vous promets que, lorsque vous » y aurez satisfait, je me garderai bien » de vous entretenir davantage de cette » malheureuse catastrophe. Wieland a » été condamné à périr d'une mort » ignominieuse... A-t-il subi son sort?

» — Non, me répondit-il, après un » moment d'hésitation, il vit encore » dans les fers. La peine de mort n'avait été prononcée que pour acquérir » la preuve certaine de son aliénation » d'esprit, et l'on n'en put douter, en » remarquant la satisfaction avec laquelle il reçut son arrêt. Il parut très-contrarié, en apprenant que le tribunal avait commué cette peine en celle

» d'un emprisonnement perpétuel, et
» sa démence, ou plutôt sa fureur
» meurtrière, n'a éprouvé depuis au-
» cun adoucissement. »

» — Sa démence! dites-vous... Mais,
» est-il bien certain qu'il ait perdu la
» raison?... Ces visions... ces avis, ces
» ordres mystérieux, tout cela n'est-il
» donc pas réel? »

Mon oncle, surpris, me regarda attentivement, comme pour s'assurer si je n'éprouvais pas moi-même quelque dérangement d'esprit; mais, me voyant parfaitement calme :

» Pouvez-vous croire, me dit-il,
» qu'il y ait autre chose en cela que
» les illusions d'une imagination exal-
» tée et disposée à recevoir ces sortes
» d'impressions? Pensez-vous que le
» ciel puisse jamais diriger ou autoriser
» de semblables crimes?

» — Oh, non! je n'en crois rien. Il ne
» peut demander ou exiger de pareils

» attentats; il ne peut nous porter à des » excès qui contrarient et qui violent » tous les principes de la nature. Je » pense, au contraire, qu'un génie » malfaisant...

» — Écartez ces fausses idées, ma » chère Clara : aucune puissance sur- » naturelle n'est intervenue dans tout » ceci, et ni le ciel, ni l'enfer n'y pri- » rent certainement aucune part.

» — Je n'oserais assurer, mon cher » oncle, que le provocateur de tous » ces malheurs fût un être surnaturel; » mais, malgré le mystère qui les a » accompagnés, je pense qu'il existait » un agent secret, et que les événemens » surprenans qui ont précédé cette » cruelle catastrophe, ne sont certai- » nement pas des illusions.

» — Et qui donc, Clara, a pu être » cet agent?

» — Je ne sais; mais, flottant, incer- » taine, au milieu de mes doutes et de

» mes conjectures, je ne puis cependant oublier Carwin; je ne puis écarter l'idée que cet homme atroce fut l'agent mystérieux qui troubla la tranquillité et le bonheur de ma famille; qu'il fut l'artisan de toutes nos infortunes. Mais si Wieland a été, en effet, poussé à ces meurtres abominables par les artifices de ce scélérat, quelle preuve avez-vous alors qu'il ait perdu la raison? La démence peut-elle tenir un langage semblable à celui que mon frère employa devant ses juges?

» — Sans doute, elle le peut, ma chère Clara. Elle se manifeste de diverses manières, elle se présente sous différentes formes; et elle n'est peut-être jamais plus terrible, plus dangereuse, ni plus incurable, que lorsqu'au lieu de produire dans nos facultés morales un désordre général qui nous rende incapable d'aucun

» raisonnement, elle n'agit que sur un » seul point, en se dirigeant vers un » seul objet. C'est alors que l'individu » qui en est attaqué, quoiqu'il soit en- » core très-capable de se guider dans » toute autre circonstance, avec les » apparences de la raison, devient in- » capable de juger sainement quand il » est question de ce même objet. C'est » ainsi qu'un fanatique, raisonnant très- » conséquemment sur toute autre ma- » tière, croit faire une œuvre méri- » toire en assassinant, au nom d'un » Dieu de paix; c'est ainsi que le mal- » heureux Wieland, quoiqu'en état de » se conduire avec prudence dans toute » autre circonstance, a cru gagner le » ciel en sacrifiant ce qu'il avait de » plus cher au monde. Fatal délire! » déplorable subversion de l'entende- » ment humain! Que de malheurs » n'avez-vous pas causés dans tous les » temps et chez tous les hommes!

» Ce que votre frère a cru voir et » entendre, fut, sans doute, des illu- » sions; mais ces illusions n'ont été » que la suite d'une démence qui a » pu être provoquée par les artifices » de quelque agent mystérieux, qui » n'ont fait que développer des dispo- » sitions préexistantes, qui se fussent » également manifestées plus tard.

» Le docteur Darwin, dans un ou- » vrage très-intéressant, intitulé *Zoo- » nomia*, en décrivant, à l'article *Ma- » nia mutabilis*, ces funestes maladies, » prouve qu'elles peuvent produire, » sans le concours d'agens étrangers, » les vertiges, les illusions, les visions » et les effets les plus funestes. Le » vulgaire peut penser différemment; » mais l'erreur est le partage du plus » grand nombre, comme le merveil- » leux constitue une partie de ses jouis- » sances.

» J'ai été, ma chère Clara, témoin

» d'un fait qui vient à l'appui de cette
» vérité, et que je dois vous raconter.
» J'étais à Cork, en Irlande, où mon
» régiment se trouvait en garnison.
» J'y étais très-lié avec une famille
» respectable, dont le chef avait perdu,
» six ans auparavant, un frère auquel
» il était extrêmement attaché. Il le
» pleura amèrement, non-seulement
» par le chagrin que lui causa sa perte,
» mais encore parce qu'il fut frappé
» de l'idée que la mort de ce frère
» devait un jour entraîner la sienne.
» Il vécut, pendant quelque temps,
» dans des alarmes continuelles, par
» l'appréhension d'une fin prochaine.
» Il se levait, chaque jour, persuadé
» qu'il ne se coucherait pas le soir. Le
» temps, les distractions le calmèrent
» et éloignèrent peu à peu ces idées.
» Il finit par se rassurer; il reprit sa
» gaieté et sa manière de vivre ordi-
» naire. Il se maria deux ans après,

» vécut heureux, éleva sa famille,
» fit prospérer ses affaires, et acquit
» une immense fortune. Il possédait
» une campagne qui touchait à la
» mer; et, sur le sommet d'une haute
» falaise qui la dominait, il avait fait
» pratiquer une retraite agréable, où,
» quand il faisait beau, il venait,
» l'été, jouir, avec sa famille et ses
» amis, du magnifique coup-d'œil
» qu'offrait la plaine liquide, embel-
» lie et animée par la navigation très-
» active des bâtimens qui entraient ou
» sortaient du port; et cet endroit fai-
» sait ses délices.

» Un jour, après midi, que j'y étais
» avec lui et sa famille, au moment
» même où la gaieté la plus expan-
» sive nous animait tous, il lui prit
» tout à coup un tremblement général,
» tandis que tous ses traits manifes-
» taient la plus grande consternation.
» Surpris, nous le regardions avec

» inquiétude et nous lui demandions la » cause de cette subite indisposition, » lorsque, nous faisant signe de la main » d'observer le silence, et portant ses » regards vers la mer, du côté de la » falaise, où nous n'apercevions per- » sonne, il parut écouter avec la plus » grande attention. Il se tourna alors » vers nous, nous annonça que son » frère venait de l'appeler, et qu'il al- » lait obéir à sa voix. Il dit adieu à sa » femme étonnée, embrassa ses en- » fans, prit congé de nous par un » signe, et, profitant de notre stupé- » faction pour s'échapper, il nous » quitta, courut vers la falaise, et se » précipita dans les flots, où il dispa- » rut pour jamais.

» Ce trait, ma chère Clara, prouve » ce que je viens de vous dire sur ce » genre de folie, qui, lorsqu'elle s'est » une fois manifestée, peut se repro- » duire après un long intervalle, lors-

» que les fibres de notre cerveau, déjà » précédemment ébranlées, se trouvent ramenées vers le même objet » par quelque cause accidentelle qui, » en reproduisant les mêmes images, » amène, quand on s'y attend le moins, » les mêmes impressions et conduit » aux plus fâcheux résultats. »

J'écoutais ces observations, et j'éprouvais une sorte d'effroi, en recevant des preuves aussi convaincantes de cette influence redoutable dont, auparavant, je ne soupçonnais ni l'existence ni l'effet. Mais elles ne levaient pas entièrement mes doutes sur l'état de mon frère, et mes idées se pressaient et se croisaient avec un désordre et une rapidité qui ne me permettaient ni de les éclaircir ni de les classer.

Je pensai que si les malheureux événemens qui venaient de se passer prenaient uniquement leur source dans l'aliénation d'esprit de Wieland, Pleyel et moi nous n'en avions pas été totalement exempts; puisque Pleyel avait cru entendre aussi une voix mystérieuse qui, deux fois, avait de même frappé mon oreille; et que mes yeux, ainsi que ceux de Wieland, avaient été surpris par une vision extraordinaire, qui s'était manifestée dans le même lieu et à la même place. N'avais-je pas à appréhender, quelques suppositions que je pusse faire, le renouvellement de ces illusions, qui indiquaient évidemment dans mes organes un dérangement dont les suites pouvaient être funestes?

Je ne puis exprimer la terreur que m'inspirèrent ces réflexions. Je frémis en songeant à la terrible révolution qu'un seul instant avait opérée dans mon frère, et en pensant que j'étais peut-être destinée à éprouver un semblable malheur! Qu'étais-je, en effet, en comparaison de ce que j'avais été? Je n'étais plus cette femme inébranlable, qui souriait jadis avec mépris en entendant raconter ce qu'elle appelait des fables enfantées par la crédulité, la faiblesse ou la mauvaise foi de ceux qui prétendaient en avoir été les témoins; qui, loin de craindre la mort, avait même osé la braver. J'étais tombée dans la classe de ceux que j'avais méprisés : faible, craintive et irrésolue, j'étais non-seulement disposée à tout croire, mais j'avais même à raconter des faits qui auraient provoqué le mépris et le ridicule, non-seulement des esprits forts, mais même des êtres les moins raisonnables.

Placée au bord de cet abyme qui avait englouti les miens, et dans les mêmes dispositions où j'avais vu Wieland, le jour n'était peut-être pas éloigné, où, les mains souillées du sang de mes semblables, je devais aussi expier, dans un affreux cachot, les excès et les attentats les plus déplorables !

Dans l'état d'irritation où toutes ces réflexions me plongeaient, cette crainte dont j'étais continuellement assaillie était mon plus cruel tourment, et elle devint peut-être plus dangereuse pour ma raison, que tous les maux que j'avais jusque-là soufferts.

L'excès du malheur doit amener un changement ; et quoiqu'on ignore peut-être encore généralement quelle est la masse effrayante de peines que l'homme peut supporter, toujours est-il vrai de dire qu'elles ont un terme qui doit y apporter remède. Quand la pensée n'est plus qu'une source continuelle d'insupportables chagrins ; quand elle n'a plus aucun point consolant sur lequel elle puisse se reposer, son cours doit être suspendu ; la mort est alors la seule ressource que la nature nous présente, qu'un sombre désespoir souvent accélère, et c'est vers elle, qu'avec une impatiente satisfaction, et en épiant les progrès de ma prochaine dissolution, tendaient toutes mes consolations et mes dernières espérances.

Je ne pus, cependant, tromper mon oncle sur le véritable état où j'étais, et ses efforts pour me distraire et pour diriger mes idées vers d'autres objets, n'obtinrent d'abord aucun succès. L'image de Carwin accompagnait constamment tous les tableaux extravagans que créaient mes affligeantes méditations. Où était la preuve que ces esprits intermédiaires entre Dieu et les hommes n'avaient pu être soumis par ceux-ci; n'avaient pu être amenés par eux à seconder leurs projets? Quoique la vérité soit souvent dégradée par des opinions vulgaires, s'ensuit-il qu'il faille rejeter absolument et l'histoire sainte et de respectables traditions, en niant entièrement que quelques-uns ont pu obtenir un grand pouvoir sur ces esprits, à l'aide de moyens extraordinaires?

Les contes de magiciens, de sorciers, de revenans et d'apparitions m'avaient toujours paru chimériques. Il me semblait ridicule de supposer que le diable pût venir, en personne, contracter une alliance avec celui qui se donnait à lui; qu'il lui apparût sous une forme hideuse, accompagné du bruit du tonnerre et d'exhalaisons sulphureuses; et j'avais encore peine à croire que Carwin eût pu employer un semblable moyen. Mais s'il pouvait exister, en effet, entre nous et l'Être Suprême des agens intermédiaires, exerçant une influence nuisible ou bienfaisante, se liguant avec les êtres les plus convenables à l'exécution de leurs desseins, prenant, peut-être, pour y parvenir, leur forme ou leur figure, j'étais bien excusable, lorsqu'en examinant attentivement la conduite de Carwin, je me trouvais disposée à adopter de semblables erreurs !

La plus profonde obscurité enveloppait toutes les actions de cet homme extraordinaire; ses moyens étaient aussi étendus qu'incompréhensibles; les bornes de sa puissance m'étaient inconnues. N'y avait-il pas des motifs fondés, pour croire qu'elle avait dirigé tous les événemens inexplicables qui avaient anéanti ma famille? Ne pouvait-il pas être lui-même un de ces agens pernicieux qui, sous une forme humaine, étaient employés à tourmenter les hommes? Son influence sur moi et sur tous ceux qui l'approchaient; les malheurs, les larmes, la désolation, qui, dit-on, accompagnaient constamment ses pas, ne rendaient-ils pas cette supposition excusable? Il faut avoir été dans ma situation, avoir éprouvé les tourmens et les angoisses qui, pendant si long-temps, torturèrent ma raison, et la mirent en danger, pour pouvoir blâmer ces conjectures, tout extravagantes qu'elles paraissent.

FIN DU TOME SECOND.

www.ingramcontent.com/pod-product-compliance
Lightning Source LLC
LaVergne TN
LVHW010554110826
845149LV00003B/653

* 9 7 8 2 0 1 1 8 5 1 4 1 3 *